KB034997

고려대 한국어

고려대학교 한국어센터 편

4A

KU PRESS
고려대학교출판문화원

고려대학교 한국어센터는 1986년 설립된 이래 한국어와 한국 문화를 재미있게 배우고 효과적으로 가르치는 방법을 연구해 왔습니다. 《고려대 한국어》와 《고려대 재미있는 한국어》는 한국어센터에서 내놓는 세 번째 교재로 그동안 쌓아 온 연구 및 교수 학습의 성과를 바탕으로 하고 있습니다.

이 책의 가장 큰 특징은 한국어를 처음 접하는 학습자도 쉽게 배워서 바로 사용할 수 있도록 구성했다는 점입니다. 한국어 환경에서 자주 쓰이는 항목을 최우선하여 선정하고 이 항목을 학습자가 교실 밖에서 사용할 수 있도록 연습 기회를 충분히 그리고 다양하게 제공하고 있습니다.

이 책을 내기까지 많은 분들의 도움을 받았습니다. 먼저 지금까지 고려대학교 한국어센터에서 한국어를 공부한 학습자들께 감사드립니다. 쉽고 재미있는 한국어 교수 학습에 대한 학습자들의 다양한 요구가 없었다면 이 책은 나오지 못했을 것입니다. 그리고 한국어 학습자들의 요구에 부응하기 위해 열정적으로 교육과 연구에 헌신하고 계신 고려대학교 한국어센터의 선생님들께도 감사드립니다.

무엇보다 한국어 학습자와 한국어 교원의 요구 그리고 한국어 교수 학습 환경을 종합적으로 고려한 최상의 한국어 교재를 위해 밤낮으로 고민하고 집필에 매진하신 저자분들께 깊은 감사를 드립니다. 이 밖에도 이 책이 보다 멋진 모습을 갖출 수 있도록 도와주신 고려대학교 출판문화원의 김상용 원장님과 직원 여러분께도 감사드립니다. 그리고 집필진과 출판문화원의 요구를 수용하여 이 교재에 맵시를 입히고 멋을 더해 주신 랭기지플러스의 편집 및 디자인 전문가, 삽화가의 노고에도 깊은 경의를 표합니다.

부디 이 책이 쉽고 재미있게 한국어를 배우고자 하는 한국어 학습자와 효과적으로 한국어를 가르치고자 하는 한국어 교원 모두에게 도움이 되기를 바랍니다. 또한 앞으로 한국어 교육의 내용과 방향을 선도하는 역할도 아울러 할 수 있게 되기를 희망합니다.

2021년 5월

국제어학원장 김 정 숙

이 책의 특징

《고려대 한국어》와 《고려대 재미있는 한국어》는 '형태를 고려한 과제 중심 접근 방법'에 따라 개발된 교재입니다. 《고려대 한국어》는 언어 항목, 언어 기능, 문화 등이 통합된 교재이고, 《고려대 재미있는 한국어》는 말하기, 듣기, 읽기, 쓰기로 분리된 기능 교재입니다.

《고려대 한국어》 4A와 4B가 100시간 분량, 《고려대 재미있는 한국어》 말하기, 듣기, 읽기, 쓰기가 100시간 분량의 교육 내용을 담고 있습니다. 200시간의 정규 교육 과정에서는 여섯 권의 책을 모두 사용하고, 100시간 정도의 단기 교육 과정이나 해외 대학 등의 한국어 강의에서는 강의의 목적이나 학습자의 요구에 맞는 교재를 선택하여 사용할 수 있습니다.

《고려대 한국어》의 특징

▶ **한국어 사용 환경에 놓이지 않은 학습자도 쉽게 배울 수 있습니다.**
- 한국어 표준 교육 과정에 맞춰 성취 수준을 낮췄습니다. 핵심 표현을 정확하고 유창하게 사용하는 것이 목표입니다.
- 말하기, 듣기, 읽기, 쓰기 과제의 범위를 제한하여 과도한 입력의 부담 없이 주제와 의사소통 기능에 충실할 수 있습니다.
- 알기 쉽게 제시하고 충분히 연습하는 단계를 마련하여 학습한 내용의 이해에 그치지 않고 바로 사용할 수 있습니다.

▶ **학습자의 동기를 이끄는 즐겁고 재미있는 교재입니다.**
- 한국어 학습자가 가장 많이 접하고 흥미로워하는 주제와 의사소통 기능을 다룹니다.
- 한국어 학습자의 특성과 요구를 반영하여 명확한 제시와 다양한 연습 방법을 마련했습니다.
- 한국인의 언어생활, 언어 사용 환경의 변화를 발 빠르게 반영했습니다.
- 친근하고 생동감 있는 삽화와 입체적이고 감각적인 디자인으로 학습의 재미를 더합니다.

▶ **한국어 학습에 최적화된 교수 학습 과정을 구현합니다.**
- 학습자가 자주 접하는 의사소통 과제를 선정했습니다. 과제 수행에 필요한 언어 항목을 학습한 후 과제 활동을 하도록 구성했습니다.
- 언어 항목으로 어휘, 문법과 함께 담화 표현을 새로 추가했습니다. 담화 표현은 고정적이고 정형화된 의사소통 표현을 말합니다. 덩어리로 제시하여 바로 사용하게 했습니다.
- 도입 – 제시 · 설명 – 형태적 연습 활동 – 유의적 연습 활동의 단계로 절차화했습니다.
- 획일적이고 일관된 방식을 탈피하여 언어 항목의 중요도와 난이도에 맞춰 제시하는 절차와 분량에 차이를 두었습니다.
- 발음과 문화 항목은 특정 단원의 의사소통 과제와 긴밀하게 연결되지는 않으나 해당 등급에서 반드시 다루어야 할 항목을 선정하여 단원 후반부에 배치했습니다.

《고려대 한국어》의 구성

▶ **4A와 4B는 각각 5단원으로 한 단원은 10시간 정도가 소요됩니다.**

▶ **한 단원의 구성은 아래와 같습니다.**

도입	배워요			한 번 더 연습해요	이제 해 봐요				자기 평가
생각해 봐요 학습 목표	어휘	문법	담화 표현		말해요	들어요	읽어요	써요	발음/문화

▶ **교재의 앞부분에는 '이 책의 특징'과 '단원 구성 표'를 배치했고, 교재의 뒷부분에는 '정답'과 '듣기 지문', '어휘 찾아보기', '문법 찾아보기'를 부록으로 넣었습니다.**
- 부록의 어휘는 단원별 어휘 모음과 모든 어휘를 가나다순으로 정렬한 두 가지 방식으로 제시했습니다.
- 부록의 문법은 문법의 의미와 화용적 특징, 형태 정보를 정리했고 문법의 쓰임을 확인할 수 있는 전형적인 예문을 넣었습니다.

▶ **모든 듣기는 MP3 파일 형태로 내려받아 들을 수 있습니다.**

《고려대 한국어 4A》의 목표

진로, 소식과 정보, 엔터테인먼트 등 친숙한 사회적·추상적 주제에 대해 이해하고 표현할 수 있습니다. 제품의 문제를 설명하고 문제 해결을 요청하거나 다른 사람과의 생각의 차이를 밝히는 등 사회적 의사소통 기능을 정교하게 수행할 수 있습니다.

이 책의 특징

등장인물이 나오는 장면을 보면서 단원의 주제, 의사소통 기능 등을 확인합니다.

어휘의 도입

· 목표 어휘가 사용되는 의사소통 상황입니다.

어휘의 제시

· 어휘 목록입니다. 맥락 속에서 어휘를 배웁니다.
· 그림, 어휘 사용 예문을 보며 어휘의 의미와 쓰임을 확인합니다.

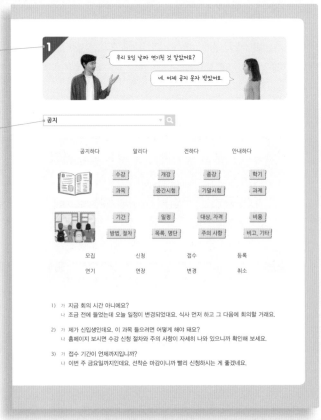

1

진로

생각해 봐요 `011`

① 두 사람은 무엇에 대해 이야기하고 있습니까?
② 여러분은 앞으로 어떤 일을 하고 싶습니까?

🚲 학습 목표

적성과 성향을 바탕으로 진로에 대해 이야기할 수 있다.

○ 진로, 능력과 자질
● 의문사 -는지, -던데, -는다면

단원의 제목

생각해 봐요

• 등장인물이 나누는 간단한 대화를 듣고 단원의 주제 및 의사소통 목표를 생각해 봅니다.

학습 목표

• 단원을 학습한 후에 수행할 수 있는 의사소통 목표입니다.

---

1) 가 윗사람에게 인사할 때는 어떻게 해야 돼요?
   나 한국 사람들은 보통 고개를 숙이면서 인사해요.

2) 가 어른께 뭔가를 드릴 때 두 손으로 드려야 해요?
   나 네, 여기에서는 그게 예의예요.

3) 가 사장님, 이 회사에서는 모든 직원이 서로에게 존댓말을 사용한다면서요?
   나 네, 서로를 존중하자는 의미에서 회장님부터 신입 사원까지 모든 직원이 존댓말로 이야기합니다.

1 다음과 같이 이야기해 보십시오.

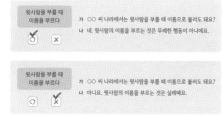

윗사람을 부를 때
이름을 부르다

✓⭕ ❌

가 ○○ 씨 나라에서는 윗사람을 부를 때 이름으로 불러도 돼요?
나 네, 윗사람의 이름을 부르는 것은 무례한 행동이 아니에요.

윗사람을 부를 때
이름을 부르다

⭕ ✓❌

가 ○○ 씨 나라에서는 윗사람을 부를 때 이름으로 불러도 돼요?
나 아니요, 윗사람의 이름을 부르는 것은 실례예요.

① 어린 사람이 먼저 악수를 청하다 ⭕ ❌   ② 윗사람에게 손을 흔들면서 인사하다 ⭕ ❌

③ 처음 만난 사람에게 나이를 물어보다 ⭕ ❌   ④ 어른에게 한 손으로 물건을 주다 ⭕ ❌

2 여러분의 나라에서 처음 만난 사람이나 윗사람을 대할 때 지켜야 할 예의가 있습니까? 이야기해 보십시오.

어휘의 연습 1

• 배운 어휘를 사용해 볼 수 있는 말하기 연습입니다.
• 연습의 방식은 그림, 사진, 문장 등으로 다양합니다.

어휘의 연습 2

• 유의미한 의사소통 상황에서 배운 어휘를 사용하는 말하기 연습입니다.

5과 생각의 차이 85

이 책의 특징

문법의 도입

- 목표 문법이 사용되는 의사소통 상황입니다.

랭기지 팁

- 알아 두면 유용한 표현입니다.
- 표현이 사용되는 상황과 예문을 보여 줍니다.

문법의 제시

- 목표 문법의 의미와 쓰임을 여러 예문을 통해 확인합니다.
- 목표 문법을 사용하기 위해 알아야 하는 기본 정보입니다.

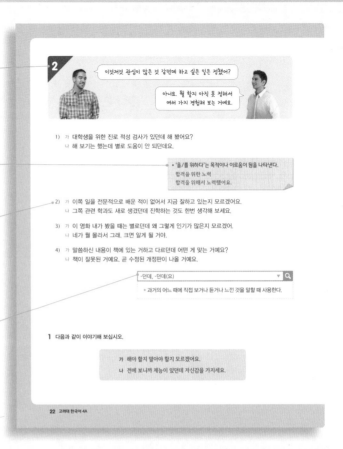

담화 표현의 제시

- 고정적이고 정형화된 의사소통 표현입니다.

담화 표현 연습

- 담화 표현을 덩어리째 익혀 대화하는 말하기 연습입니다.

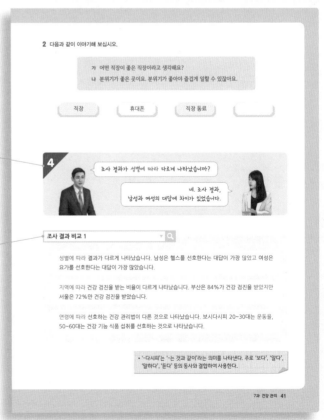

① 전에 보니까 재능이 있다 · · 포기하지 마세요

② 전공과 관계없이 하기도 한다 · · 도전해 보세요

③ 그쪽 일이 전망이 좋은 것 같다 · · 자신감을 가지세요

④ 이 일을 하려고 여러 번 도전한 것 같다 ·

2 다음 질문을 보고 전에 했던 생각을 떠올려 대답해 보십시오.

① 휴대폰 아직도 안 돼요?   ② 거기 사람 많지 않았어요?

③ 새 화장품 써 봤어요?   ④ 대학에 꼭 가야 할까요?

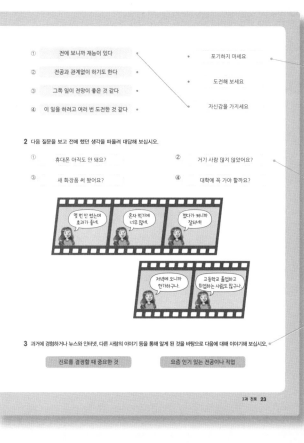

몇 번 안 썼는데 효과가 좋네

혼자 먹기에 너무 많네

깠다가 커니까 잘됐네

작년에 오니까 한가하구나

고등학교 졸업하고 취업하는 사람도 많구나

3 과거에 경험하거나 뉴스와 인터넷, 다른 사람의 이야기 등을 통해 알게 된 것을 바탕으로 다음에 대해 이야기해 보십시오.

진로를 결정할 때 중요한 것   요즘 인기 있는 전공이나 직업

문법의 연습 1

• 배운 문법을 사용해 볼 수 있는 말하기 연습입니다.
• 연습의 방식은 그림, 사진, 문장 등으로 다양합니다.

문법의 연습 2

• 문법의 중요도와 난이도에 따라 연습 활동의 수와 분량에 차이가 있습니다.

문법의 연습 3

• 유의미한 의사소통 상황에서 배운 문법을 사용하는 말하기 연습입니다.

한 번 더 연습해요

1 다음 대화를 들어 보십시오.

1) 두 사람은 무엇에 대해 이야기하고 있습니까?
2) 소개한 프로그램은 어떤 특징이 있습니까?

2 다음 대화를 연습해 보십시오.

요즘 인기 있는 프로그램이 뭐예요?

'퀴즈휴먼'이라는 예능 프로그램이에요.

무슨 내용이에요?

매주 어떤 분야의 유명한 사람을 만나서 인터뷰도 하고 퀴즈 푸는 프로그램이에요. 방송이 끝나면 출연한 사람이 검색어 1등을 할 정도로 인기가 많아요.

3 여러분도 이야기해 보십시오.

1)

| 가 | 영화 | 나 | '안암학사' 어떤 기숙사에서 학생들이 한 명씩 사라지다. 주변에서 이 영화를 안 본 사람이 없다 |

2)

| 가 | 드라마 | 나 | '가족입니까' 가족 간의 오해와 사랑을 그리다. 매주 최고 시청률을 기록하다 |

대화/담화 듣기

• 의사소통 목표가 되는 자연스럽고 유의미한 대화나 담화를 듣고 대화의 목적, 대화의 내용을 파악합니다.

대화/담화 연습하기

• 연습을 통해 대화나 담화의 구성 방식을 익힙니다.

대화/담화 구성 연습

• 학습자 스스로 대화나 담화를 구성하여 말해 보는 연습입니다.
• 어휘만 교체하는 단순 반복 연습이 되지 않도록 구성했습니다.

이 책의 특징

듣기 활동

- 단원의 주제와 기능이 구현된 의사소통 듣기 활동입니다.
- 중심 내용 파악과 세부 내용 파악 등 목적에 따라 두세 번 반복하여 듣습니다.

읽기 활동

- 단원의 주제와 기능이 구현된 의사소통 읽기 활동입니다.
- 중심 내용 파악과 세부 내용 파악 등 목적에 따라 두세 번 반복하여 읽습니다.

쓰기 활동

- 단원의 주제와 기능이 구현된 의사소통 쓰기 활동입니다.
- 쓰기 전에 써야 할 내용이나 방식에 대해 생각해 본 후 쓰기를 합니다.

이제 해 봐요

들어요

1 다음은 새로운 정보를 확인하는 대화입니다. 잘 듣고 질문에 답하십시오.

1) 남자가 여자를 왜 찾았는지 고르십시오.
① 선배 소식을 알려 주려고
② 스터디 시간을 물어보려고
③ 스터디에 같이 가자고 하려고

2) 들은 내용과 같은 것을 고르십시오.
① 여자는 선배와 함께 문상을 갈 것이다.
② 남자는 휴대폰이 고장 나서 소식을 몰랐다.
③ 다음 스터디 날짜는 아직 정해지지 않았다.

읽어요

1 다음 연예 기사를 읽고 질문에 답하십시오.

박민준, 비연예인 연인과 9월 결혼

배우 박민준(37)이 비연예인 여자 친구와 9월 23일 결혼한다고 공식 발표했다. 박민준의 예비 신부는 지난해 알려진 열애 소식의 주인공이다. 당시 박민준의 열애 소식은 그 자체만으로도 화제였는데, 데뷔 이후 첫 공개 연애였기 때문이다. 20년 가까이 연예 활동을 하면서도 한 번도 연애 사실을 밝히지 않았던 이유를 물었을 때 상대방 여자 분에게 피해가 될 수 있어서 그동안 조심했다고 대답했었다. 지금 공개하는 이유가 뭐냐는 질문에 인생의 짝을 드디어 찾았고 결혼까지 생각하고 있기 때문이라고 밝혔다.

박민준은 공식 발표 전 자필 편지로 팬들에게 가장 먼저 결혼 소식을 알렸다. 그는 현재 교제 중인 여성과 앞으로의 인생을 함께하고 싶다고 하였고, 항상 응원해 주고 믿어 준 것처럼 앞으로도 많이 사랑해 달라고 전했다.

소속사 클럽엔터테인먼트는 박민준의 9월 결혼은 비연예인인 예비 신부와 양가 가족들을 배려해서, 구체적인 장소와 시간 등 결혼식과 관련된 세부 사항은 모두 비공개로 진행된다고 밝혔다.

46 고려대 한국어 4A

써요

1 소식지를 만들어 봅시다.

1) 말하기에서 소개된 내용 중에서 소식지에 들어갈 항목을 친구와 의논하여 정하십시오.

2) 한 항목씩 맡아 소식 기사를 쓰려고 합니다. 쓸 내용을 메모하십시오.

3) 기사의 형식에 맞게 정리하여 쓰십시오.

4) 각자의 기사를 모아 우리 반의 소식지를 만들어 봅시다.

48 고려대 한국어 4A

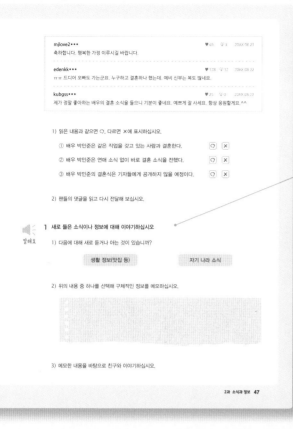

말하기 활동

- 단원의 주제와 기능이 구현된 의사소통 말하기 활동입니다.
- 말하기 전에 말할 내용이나 방식에 대해 생각해 본 후 말하기를 합니다.

발음 활동/문화 활동

- 중급에서 익혀야 할 발음 항목과 한국의 생활 문화를 이해할 수 있는 문화 항목입니다. 항목에 대한 이해를 바탕으로 유의미한 맥락에서 사용해 봅니다.
- 단원마다 발음 또는 문화 항목이 제시됩니다.

자기 평가

- 단원 앞부분에 제시되었던 학습 목표 달성 여부를 학습자 스스로 점검합니다.

단원 구성 표

단원	단원 제목	학습 목표	의사소통 활동
1과	진로	적성과 성향을 바탕으로 진로에 대해 이야기할 수 있다.	• 직업인 인터뷰 듣기 • 희망 직업에 대한 기사 읽기 • 진로에 대해 이야기하기 • 진로에 대한 글쓰기
2과	소식과 정보	새로운 소식이나 정보를 듣고 전달할 수 있다.	• 바뀐 정보를 확인하는 대화 듣기 • 유명인의 근황에 대한 기사 읽기 • 새로운 소식과 정보 소개하기 • 소식지 기사 쓰기
3과	제품의 문제	구입한 물건의 문제를 설명하고 처리할 수 있다.	• 교환 및 환불 안내문 읽기 • 제품의 문제에 대한 대화 듣기 • 제품의 문제를 설명하고 처리하기 • 교환 및 환불 신청서 작성하기
4과	엔터테인먼트	사람들이 즐기는 엔터테인먼트에 대해 이야기할 수 있다.	• 유명인 인터뷰 듣기 • 영화 소개 글 읽기 • 유명한 엔터테인먼트 소개하기 • 유명한 엔터테인먼트 소개하는 글쓰기
5과	생각의 차이	생각의 차이에 대해 이야기할 수 있다.	• 회식에 대한 대화 듣기 • 생각의 차이에 대한 기사 읽기 • 생각의 차이에 대해 이야기하기 • 생각의 차이에 대한 글쓰기

어휘 · 문법 · 담화 표현		발음/문화
• 진로 • 능력과 자질 • 수면 자세와 성향	• 의문사 -는지 • -던데 • -는다면 • 을/를 위한 • -나요? • -다(가) 보면	유음화
• 공지 • 마음을 전하는 방법 • 개인적 소식	• 간접 화법 • -을 테니까 • -을 텐데 • -나? • (이)라도	현실 발음 ①
• 상품의 구입 과정 • 교환·환불 이유 • 전자 기기 및 의류 부속품	• -았더니 • -는 대로 • -는다 • -는다고(요)? • -아 놓다	현실 발음 ②
• 엔터테인먼트 종류 • 인기와 흥행 • 상황의 정도	• -는다면서(요)? • -자마자 • -을 정도로 • -라고 하다	덕후의 세계
• 사람을 대하는 방식 • 예의 • 차이에 대한 태도 • 문화 차이에 대한 격언	• 아무 (이)나 • -더라도 • -아서 그런지 • 상대방 이해시키기	눈치

차례

부록

등장인물

응우옌 티 두엔

나라 베트남
나이 19세
직업 학생
      (고려대학교 한국어센터)
취미 드라마

바트 엥흐바야르

나라 몽골
나이 21세
직업 학생
      (고려대학교 한국어센터)
취미 운동

줄리 로랑

나라 프랑스
나이 23세
직업 학생
      (고려대학교 한국어센터)
취미 인터넷 방송

모리야마 나쓰미

나라 일본
나이 35세
직업 학생/약사
취미 그림

다니엘 클라인

나라 독일
나이 29세
직업 회사원/학생
취미 여행

무함마드 알 감디

나라	이집트
나이	32세
직업	요리사/학생
취미	태권도

김지아

나라	한국
나이	22세
직업	학생 (고려대학교 경제학과)
취미	영화

서하준

나라	한국
나이	22세
직업	학생 (고려대학교 국어국문학과)
취미	농구

정세진

나라	한국
나이	33세
직업	한국어 선생님
취미	요가

강용재

나라	한국
나이	31세
직업	회사원
취미	캠핑

1

진로

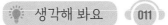

💡 생각해 봐요　🎧 011

1 두 사람은 무엇에 대해 이야기하고 있습니까?

2 여러분은 앞으로 어떤 일을 하고 싶습니까?

 학습 목표

적성과 성향을 바탕으로 진로에 대해 이야기할 수 있다.

● 진로, 능력과 자질

● 의문사 -는지, -던데, -는다면

 배워요

앞으로 어떤 일을 하면 좋을지 잘 모르겠어요.

우선 네가 뭘 좋아하고 잘하는지 생각해 봐.

1) 가 진로를 고민하는 청소년에게 한마디 해 주시겠어요?
   나 학창 시절에 스스로 좋아하는 것이 무엇인지 찾는 것이 중요한 것 같아요.
     자기가 무엇에 열정을 느끼고 무엇을 할 때 행복한지 알아야겠지요.

2) 가 이걸 전공했을 때 진출할 수 있는 분야에 어떤 것들이 있는지 궁금합니다.
   나 다양한 분야가 있는데 모두 전망이 좋으니까 선택에 후회는 없을 겁니다.

3) 가 왜 우리 학과에 지원했는지 말씀해 보시겠습니까?
   나 우리 나라 말과 한국어가 어떻게 다른지 깊이 연구해 보고 싶어서 지원하게 됐습니다.

4) 가 졸업 후의 진로에 대해 생각해 보셨어요?
   나 계속 고민 중이에요. 공부를 계속할지 그만두고 취직을 할지 아직 못 정했어요.

5) 가 앞으로의 활동 각오가 어떻게 되세요?
   나 제가 지금처럼 계속 팬들의 사랑을 받을지 그렇지 못할지 알 수 없지만 늘 최선을 다하겠습니다.

의문사 -는지/(으)ㄴ지/(으)ㄹ지 ▼	🔍

• 의문을 가진 사실이나 상태를 가리킬 때 사용한다.

1 다음과 같이 이야기해 보십시오.

진로	어떤 일을 잘하지?	가 아직 진로를 못 정했어요? 나 네. 어떤 일을 잘하는지 잘 몰라서요.

① 전공 | 내가 뭘 좋아하지?
② 전공 | 어느 쪽에 관심이 있지?
③ 진로 | 내 성향에 맞는 일이 무엇일까?
④ 진로 | 무엇을 해야 행복할까?
⑤ 선물 | 다른 사람들한테 뭘 받았지?
⑥ 장소 | 비가 올까? 안 올까?

2 다음과 같이 안내문을 보고 궁금한 내용을 질문하고 대답해 보십시오.

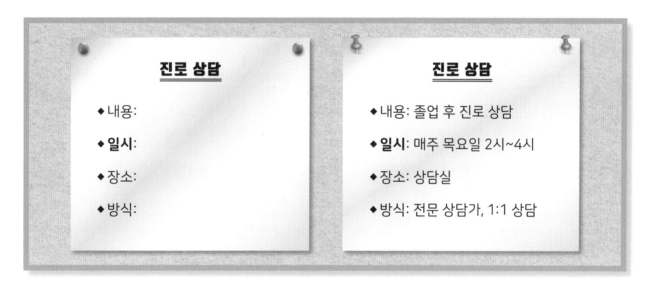

<u>**진로 상담**</u>

◆ 내용:

◆ **일시:**

◆ 장소:

◆ 방식:

<u>**진로 상담**</u>

◆ 내용: 졸업 후 진로 상담

◆ **일시:** 매주 목요일 2시~4시

◆ 장소: 상담실

◆ 방식: 전문 상담가, 1:1 상담

가 상담을 언제 하는지 알아요?

상담 일시가 어떻게 되는지 알아요?

⋮

나 매주 목요일 2시에 한대요.

3 다음에 대해 생각해 본 적이 있는지 이야기해 보십시오.

자신이 잘하는 것

10년 후의 자신의 모습

이것저것 관심이 많은 것 같던데 하고 싶은 일은 정했어?

아니요. 뭘 할지 아직 못 정해서 여러 가지 경험해 보는 거예요.

1) 가 대학생을 위한 진로 적성 검사가 있던데 해 봤어요?
   나 해 보기는 했는데 별로 도움이 안 되던데요.

> • '을/를 위하다'는 목적이나 이로움이 됨을 나타낸다.
>   합격을 위한 노력
>   합격을 위해서 노력했어요.

2) 가 이쪽 일을 전문적으로 배운 적이 없어서 지금 잘하고 있는지 모르겠어요.
   나 그쪽 관련 학과도 새로 생겼던데 진학하는 것도 한번 생각해 보세요.

3) 가 이 영화 내가 봤을 때는 별로던데 왜 그렇게 인기가 많은지 모르겠어.
   나 네가 뭘 몰라서 그래. 크면 알게 될 거야.

4) 가 말씀하신 내용이 책에 있는 거하고 다르던데 어떤 게 맞는 거예요?
   나 책이 잘못된 거예요. 곧 수정된 개정판이 나올 거예요.

-던데, -던데(요)	
• 과거의 어느 때에 직접 보거나 듣거나 느낀 것을 말할 때 사용한다.	

1 다음과 같이 이야기해 보십시오.

> 가 해야 할지 말아야 할지 모르겠어요.
>
> 나 전에 보니까 재능이 있던데 자신감을 가지세요.

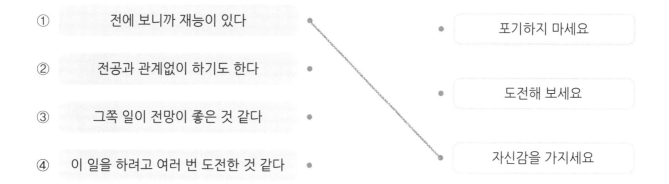

① 전에 보니까 재능이 있다 •　　　　　　• 포기하지 마세요

② 전공과 관계없이 하기도 한다 •　　　　　• 도전해 보세요

③ 그쪽 일이 전망이 좋은 것 같다 •　　　　• 자신감을 가지세요

④ 이 일을 하려고 여러 번 도전한 것 같다 •

2 다음 질문을 보고 전에 했던 생각을 떠올려 대답해 보십시오.

① 휴대폰 아직도 안 돼요?　　　　② 거기 사람 많지 않았어요?

③ 새 화장품 써 봤어요?　　　　　④ 대학에 꼭 가야 할까요?

3 과거에 경험하거나 뉴스와 인터넷, 다른 사람의 이야기 등을 통해 알게 된 것을 바탕으로 다음에 대해 이야기해 보십시오.

진로를 결정할 때 중요한 것　　　　　　요즘 인기 있는 전공이나 직업

진로를 정했어요?

예술 계통의 일을 하려고 해요.

진로 ▼ 🔍

방송/연예계

연출가(PD)
기자
아나운서

연예인
코미디언, 개그맨
모델

문화/예술계

소설가
웹툰 작가
공연 기획자

디자이너
성악가
작곡가
안무가

교육계

교사
강사
교수

법조계

변호사
검사
판사

의료계

의사
한의사
수의사
간호사

공직

공무원
경찰
소방관

정치인

사업가

개발자

기술자(엔지니어)

건축가

방송계　연예계　예술계　교육계　법조계　의료계 로

　　　　　방송　예술　교육 쪽으로　　　나가다/진출하다

　　　　　공직 으로

방송　연예　예술　교육　법조　의료 계통의

　　　　　　　　　　　　　　　　　　　　　　일을 하다

　　　　방송　예술　교육 과 관련된

1) 가 전공이 어떻게 되세요?
　　나 미디어학과에 다녀요. 졸업 후에 전공을 살려서 방송 쪽으로 나갈 생각이거든요.

2) 가 장래 희망이 변호사인데 변호사가 되려면 어떻게 해야 되나요?
　　나 우선 법학 전문 대학원에 입학해서 3년 과정을 이수하셔야 합니다.

> • '-나요/(으)ㄴ가요?'는 주로 구어에서 조심스럽게 또는 친절하게 물을 때 사용한다.
> PD에게는 어떤 능력이 필요한가요?

3) 가 공직에 계신 것도 아닌데 그쪽에 대해 잘 아시네요.
　　나 전에 잠깐 그쪽과 관련된 일을 한 적이 있거든요.

1 여러분은 앞으로 어느 쪽으로 나가고 싶습니까? 진로에 대해 이야기해 보십시오.

4

> 예술 쪽에 관심은 많은데
> 충분한 능력이 있는지 모르겠어요.

> 미적 감각이 있어서 잘할 것 같아요.

창의력/상상력이 뛰어나다　　　　　　언어 구사력/전달력이 뛰어나다

상황 판단력이 뛰어나다　　　　　　　공감 능력이 뛰어나다

사람을 이끄는 통솔력/리더십이 있다　　기계나 도구를 잘 다루다

예술 감각(미적 감각/음악적 감각)이 있다　　신체적인 조건이 좋다

관련 분야에 대한 지식을 쌓다　　　　다양한 경험을 쌓다
여러 가지 것들을 시도하다

1) 가 인재를 뽑을 때 고려하는 부분은 무엇입니까?
　　나 이 일이 적성에 맞는지 그리고 관련된 능력을 갖추었는지를 봅니다.

2) 가 모델로 오래 활동하려면 어떤 자질을 갖추어야 하나요?
　　나 신체적인 조건도 좋아야 하고 미적 감각도 중요합니다. 하지만 무엇보다 이 분야에 대한 다양한
　　　 경험을 쌓으려는 노력이 필요하지요.

3) 가 난 전달력이 좀 부족해서 아나운서처럼 전달력이 뛰어난 사람이 너무 부러워.
　　나 너도 노력해 봐. 발음이나 전달력은 연습하다 보면 좋아지는 거니까.

> • '-다(가) 보면'은 앞의 행동의 결과로 뒤의 사실이나 상태가
> 될 것임을 나타낸다.
> 꾸준히 노력하다 보면 꿈을 이룰 수 있을 거예요.

1 다음의 사람들에게는 어떤 능력과 자질이 필요할지 이야기해 보십시오.

사업가　　　　　엔지니어　　　　　교사　　　　　패션 디자이너

2 여러분은 어떤 능력과 자질을 가지고 있습니까? 혹은 기르고 싶습니까? 이야기해 보십시오.

5

아나운서에게 가장 필요한 능력과 자질이 있다면 무엇인가요?

빠르게 변화하는 방송 환경에 적응할 수 있는 자세와 태도가 필요합니다.

1) 가 진로를 정하긴 했는데 잘할 수 있을지 자신이 없어요.
   나 진정으로 좋아하는 것을 찾았다면 끈기를 가지고 꾸준히 노력했으면 좋겠어요.

2) 가 이 일은 어떤 사람에게 어울릴까요?
   나 도전하는 걸 즐기는 사람이라면 적성에 잘 맞을 것 같네요.

3) 가 당신이 원한다면 하늘의 별도 따 드리겠어요.

-는다면/ㄴ다면/다면   ▼   🔍

• 어떤 사실이나 상태를 가정한 것이 뒤의 내용의 조건임을 나타낸다.

1 다음과 같이 이야기해 보십시오.

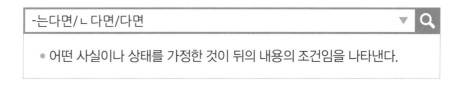

창의적이고 사람들과 소통을 잘하다

가 이런 사람은 어떤 직업이 어울릴까요?
나 창의적이고 사람들과 소통을 잘한다면 방송 기획 일이 잘 맞을 것 같습니다.

① 사람들과 어울리는 것을 좋아하다

② 리더십과 통솔력이 있다

③ 예술적 감각이 뛰어나다

④ 기계나 도구를 잘 다루다

2 자신의 적성, 능력과 자질이 어떠한지 생각해 보고 거기에 맞는 진로에 대해 이야기해 보십시오.

● 다음은 '수면 자세로 알아보는 성격 테스트'라는 글입니다. 글을 읽고 성격 어휘를 확인해 보십시오. 그리고 이 내용이 맞는 것 같은지 이야기해 보십시오.

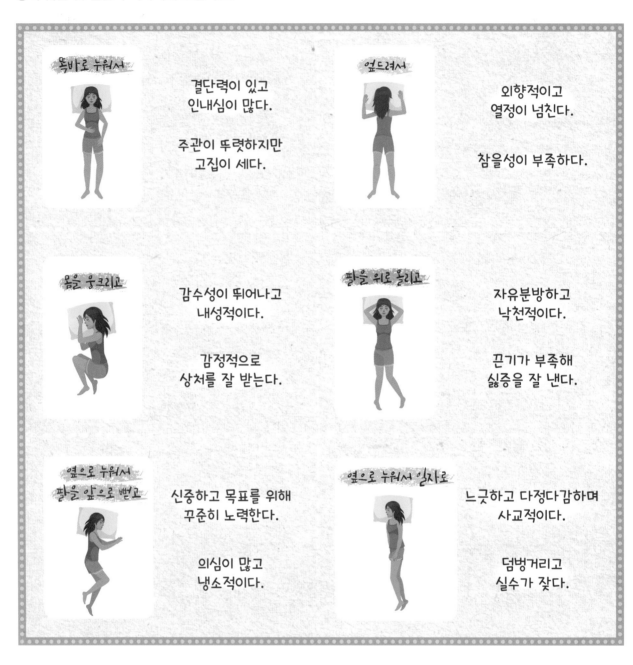

똑바로 누워서
결단력이 있고
인내심이 많다.

주관이 뚜렷하지만
고집이 세다.

엎드려서
외향적이고
열정이 넘친다.

참을성이 부족하다.

몸을 웅크리고
감수성이 뛰어나고
내성적이다.

감정적으로
상처를 잘 받는다.

팔을 위로 올리고
자유분방하고
낙천적이다.

끈기가 부족해
싫증을 잘 낸다.

옆으로 누워서
팔을 앞으로 뻗고
신중하고 목표를 위해
꾸준히 노력한다.

의심이 많고
냉소적이다.

옆으로 누워서 일자로
느긋하고 다정다감하며
사교적이다.

덤벙거리고
실수가 잦다.

● 성격을 나타내는 또 다른 표현으로 무엇이 있는지 확인해 보십시오.

| 무뚝뚝하다 | 솔직하다 | 독립적이다 | 털털하다 |

| 까다롭다 | 대범하다 | 소심하다 | 우유부단하다 |

한 번 더 연습해요

1 다음 대화를 들어 보십시오. 🎧 **012**

　1) 남자는 어떤 일을 하고 싶어 합니까?

　2) 그 일은 어떤 사람에게 잘 맞습니까?

2 다음 대화를 연습해 보십시오.

 게임을 만들고 기획하는 일에 관심이 있는데
제가 잘할 수 있을지 모르겠어요.

그 분야는 창의적인 기획력도 중요하지만
자신의 아이디어를 잘 표현할 수 있어야 하던데요.

 그렇다면 그런 자질도 키워야겠네요.

3 여러분도 이야기해 보십시오.

　1)

| 가 | 학생을 가르치는 일 | 나 | 내용을 잘 전달하는 것,
공감 능력이 뛰어나다 |

　2)

| 가 | 건축 분야 | 나 | 미적 감각,
창의력을 갖추다 |

　3)

| 가 | 공연 기획 쪽 | 나 | 트렌드를 파악하는 능력,
리더십이 있다 |

이제 해 봐요

 들어요

1 다음은 인터뷰 방송의 일부입니다. 잘 듣고 질문에 답하십시오.

1) 남자는 웹툰 작가에게 가장 필요한 자질이 무엇이라고 생각합니까? 맞는 것을 고르십시오.

① 끈기   ② 창의력   ③ 예술적 감각

2) 들은 내용과 다른 것을 고르십시오.

① 남자는 웹툰 작가가 되기 전에 잡지사에서 근무한 적이 있다.

② 웹툰 작가는 보통 일주일에 한두 편의 웹툰을 그린다.

③ 남자는 어려서부터 그림 실력이 뛰어나 웹툰 작가로서의 소질이 있었다.

 읽어요

1 다음은 초등학생들의 희망 직업에 대한 글입니다. 잘 읽고 질문에 답하십시오.

초등학생 희망직업 BEST 10	
1위 …	운동선수(11.6%)
2위 …	교사(6.9%)
3위 …	크리에이터(5.7%)
4위 …	의사(5.6%)
5위 …	요리사(4.1%)
6위 …	프로게이머(4.0%)
7위 …	경찰관(3.7%)
8위 …	법률전문가(3.5%)
9위 …	가수(3.2%)
10위 …	뷰티디자이너(2.9%)

초등학생 희망 직업 1위는 작년에 이어 올해도 '운동선수'였다. 재작년까지 줄곧 1위였던 '교사'는 작년과 마찬가지로 2위로 나타났다. '유튜브 콘텐츠 크리에이터(유튜버)'가 초등학생 희망 직업 3위에 올랐다. '유튜버'는 지난해 조사에서 처음으로 10위권에 들어왔으나 올해에는 전통적으로 선호도가 높았던 '의사'를 (㉠   ) 3위를 차지했다. 4~10위는 '의사', '조리사(요리사)', '프로 게이머', '경찰관', '법률 전문가', '가수', '뷰티 디자이너'였다.

초등학생 희망 직업에 대한 최근의 조사 결과를 보면 '유튜버', '뷰티 디자이너'와 같이

새로운 직업이 등장하였고, 상위 10개의 직업이 전체 순위에서 차지하는 비율이 예년보다 줄었다. 이를 통해 학생들이 원하는 직업이 다양해지고 있음을 알 수 있다.

희망 직업에 대해 알게 된 경로는 1위가 부모님, 2위가 대중 매체, 3위가 웹 사이트였고, 희망 직업을 선택한 이유에 대해서는 '내가 좋아하고 잘할 수 있어서'라는 대답이 가장 많았고 '돈을 많이 벌 수 있어서'와 '오래 일할 수 있어서' 등의 대답이 그 뒤를 이었다.

1) 읽은 내용과 같은 것을 고르십시오.

① '유튜버'는 올해 처음 초등학생 희망 직업 10위권에 들어왔다.

② 초등학생들은 직업을 선택할 때 흥미와 적성을 가장 중요하게 생각한다.

③ 초등학생의 희망 직업 1위가 작년에는 교사였지만 올해는 운동선수로 바뀌었다.

2) ㉠에 들어갈 알맞은 말을 고르십시오.

① 버리고   ② 이끌고

③ 밀어내고   ④ 나란히 하고

말해요

1 자신의 진로에 대해 이야기하십시오.

1) 여러분은 진로를 결정했습니까?

 2)번으로    3)번으로

2) 진로를 결정했다면 다음에 대해 이야기하십시오.

● 어떤 분야이고 왜 그쪽으로 결정했는지

● 필요한 능력이나 자질이 무엇이고 어떤 준비를 하고 있는지

3) 아직 진로를 결정하지 못했다면 다음에 대해 이야기하십시오.

- 왜 결정하지 못했는지

- 진로를 결정하기 위해 현재 하고 있는 일이 무엇인지

1 자신의 진로에 대한 글을 쓰십시오.

써요

1) 말하기에서 이야기한 것을 떠올리며 어떤 내용을 중심으로 글을 쓸지 생각해 보십시오.

2) 생각한 내용을 바탕으로 글을 쓰십시오.

_____

_____

_____

_____

_____

_____

_____

_____

발음 유음화

- 밑줄 친 부분의 발음에 주의하면서 다음을 들어 보십시오.

> 가 이제 졸업 일 년 남았지?
>
> 나 네. 그런데 아직 진로를 못 정해서 고민이에요.

 'ㄹ' 받침 뒤의 'ㄴ'은 언제나 [ㄹ]로 발음하고 'ㄹ' 앞의 'ㄴ' 받침은 대부분 [ㄹ]로 발음합니다.

- 다음을 읽어 보십시오.

> 1) 가 민수는 왜 이렇게 연락을 안 해?
>   나 걔 원래 그렇잖아.
>
> 2) 가 뭐 먹을까?
>   나 더우니까 물냉면 먹자.
>
> 3) 이번 방학에는 무역 관련 자격증을 따려고 한다.
>
> 4) 10월 9일은 한글날이다.

- 들으면서 확인해 보십시오.

 이번 과 공부는 어땠어요? 별점을 매겨 보세요!

자기 평가

 적성과 성향을 바탕으로 진로에 대해 이야기할 수 있습니까? ☆☆☆☆☆

2

소식과 정보

생각해 봐요　021

1　남자는 어떤 연락을 못 받았습니까?

2　여러분은 소식이나 정보를 어디에서 듣습니까?

학습 목표

새로운 소식이나 정보를 듣고 전달할 수 있다.

- 공지, 마음을 전하는 방법
- 간접 화법, -을 테니까, -을 텐데

배워요

● 가수  제이와 관련된 소식입니다. 어떤 소식인지 이야기해 보십시오.

대학교에 들어가다
휴학하다
대학원에 진학하다

군대에 가다
입대하다
휴가를 나오다
전역하다
제대하다

오디션을 보다
데뷔하다
출국하다 귀국하다
활동을 쉬다
컴백하다
상을 받다
수상하다
독립하다
회사를 차리다
은퇴하다

회사에 들어가다
승진하다
회사를 옮기다
회사를 그만두다
유학을 가다
이민을 가다

병에 걸리다
입원하다
수술하다
퇴원하다

결혼하다
아이를 가지다
임신하다
아이를 낳다
출산하다
이혼하다
재혼하다

우리 모임 날짜 연기된 것 알았어요?

네. 어제 공지 문자 받았어요.

공지

공지하다   알리다   전하다   안내하다

| 수강 | 개강 | 종강 | 학기 |
| 과목 | 중간시험 | 기말시험 | 과제 |

| 기간 | 일정 | 대상, 자격 | 비용 |
| 방법, 절차 | 목록, 명단 | 주의 사항 | 비고, 기타 |

모집   신청   접수   등록

연기   연장   변경   취소

1) 가 지금 회의 시간 아니에요?
   나 조금 전에 들었는데 오늘 일정이 변경되었대요. 식사 먼저 하고 그 다음에 회의할 거래요.

2) 가 제가 신입생인데요. 이 과목 들으려면 어떻게 해야 돼요?
   나 홈페이지 보시면 수강 신청 절차와 주의 사항이 자세히 나와 있으니까 확인해 보세요.

3) 가 접수 기간이 언제까지입니까?
   나 이번 주 금요일까지인데요. 선착순 마감이니까 빨리 신청하시는 게 좋겠네요.

1 다음과 같이 이야기해 보십시오.

시험일
1.10.(일) → 2.7.(일)

가 무슨 공지예요?
나 시험 날짜가 연기됐대요.

① | 여행 동아리 |
|---|
| 여행에 관심 있는 분을 찾습니다. |

② 비가 와서 모임 뒤풀이는 안 하기로 했어요.

③ | 회의 시작 |
|---|
| 3시 → 5시 |

2 다음에 대해 이야기해 보십시오.

이번 학기 일정   다음 학기 재등록 방법

다음 모임 날짜는 언제예요?

정해지면 홈페이지에 올린다고 했어요.

1) 가 이번 학기부터 장학금 신청 방법이 바뀌었다고 해요.
   나 그래요? 어떻게 바뀌었대요?

2) 가 동생은 유학 생활이 어떻대요?
   나 공부는 재미있는데 가끔 외롭다고 하네요.

3) 가 제이 소식 들었어? 곧 컴백한다고 하더라.
   나 진짜야? 어제 들었을 때는 활동 그만두고 군대 간다고 하던데. 내가 잘못 들었나?

• '-나/(으)ㄴ가?'는 혼잣말로 막연한 의문이나 추측을 나타낸다.
바쁜가? 전화를 안 받네.

4) 가 좀 전에 교수님께서 뭐라고 하셨어?

　 나 다음 주 수업 휴강이라고 하셨어. 보강 날짜는 나중에 알려 주시겠대.

5) 가 한국에 와서 어떤 질문을 제일 많이 받았어요?

　 나 한국어를 왜 공부하냐고 물어보는 사람이 많았어요.

6) 가 어제 수연이랑 문자했는데, 너 요즘 많이 바쁘냐고 하더라.

　 나 내가 보고 싶은가 보지? 연락 한번 해야겠네.

간접 화법 [-는다고 하다, -냐고 하다]　　　　　▼

- 들은 내용을 전달하거나 물을 때 또는 자신이 말한 내용을 다시 말할 때 사용한다.
- '-는다고 하다'는 평서문의 간접 화법이고 '-냐고 하다'는 의문문의 간접 화법이다.

---

1 다음과 같이 이야기해 보십시오.

> 가수 카이가 군대에 가요.
>
> 가 무슨 이야기했어요?
> 나 가수 카이가 군대에 간다고 해요.

① 친한 친구가 이번 주에 결혼해요.

② 독립한 지 한 달도 안 됐어요.

③ 혜수 언니가 딸을 낳았어요.

④ 다음 달에 남자 친구가 휴가를 나올 거예요.

⑤ 이번 학기 종강일은 6월 12일이에요.

⑥ 내년에 이민을 가려고 해요.

⑦ 시험 준비 특강이 취소됐어요.

⑧ 동아리 분위기가 좋아요?

⑨ 공지 사항 확인을 잘해요?

⑩ 아르바이트가 생각보다 힘들지요?

---

2 다음과 같이 이야기해 보십시오.

> 다음 학기에 휴학해요.
>
> 가 방금 뭐라고 했어요?
> 나 다음 학기에 휴학한다고 했어요.

①	뭘 해야 할지 모르겠어요.	②	등록이 오늘까지네요.
③	이번 학기에 수업 몇 개 들어요?	④	친구가 가수 오디션에 붙었어요.

3 새로 들은 소식에 대해 친구하고 이야기해 보십시오.

학교와 수업 관련   주위 사람 또는 연예인 관련

친구가 결혼을 하는데 어떤 선물이 좋을지 모르겠네.

한국에서는 보통 축의금을 줘요. 선물 고르기 힘들면 그렇게 하세요.

마음을 전하는 방법 ▼ 🔍

안부를 묻다	안부를 전하다		
축하하다	선물하다	축하 자리를 마련하다	축의금을 내다
위로하다	병문안을 가다	문상을 가다	조의금을 내다
		조문을 가다	

1) 가 지난 주말에 재일이 만났는데 네 안부 묻더라.
    나 그랬어? 재일이 잘 지낸대? 회사 옮겼다는 이야기는 들었는데.

2) 가 용재 씨 할아버지께서 돌아가셨대요. 저 오늘 문상 갈 건데 같이 갈래요?
    나 오늘은 못 갈 것 같은데 저 대신 조의금 좀 전달해 줄 수 있어요?

3) 가 옆 부서의 김 과장님이요. 부장으로 승진했대요. 알고 있었어요?

나 아니요, 몰랐어요. 늦었지만 축하드린다고 메시지라도 보내야겠네요.

• '(이)라도'는 가장 만족한 것은 아니지만 그런대로 괜찮음을 나타낸다.

1 다음과 같이 이야기해 보십시오.

가 주영 씨가 결혼한다고 해요.

나 그래요? 그럼 축하 자리를 마련해야겠네요.

①  ②  ③  ④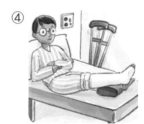

2 여러분은 주변 사람을 축하하거나 위로한 경험이 있습니까? 무슨 일이었고 그때 어떻게 마음을 전했는지 이야기해 보십시오.

4

우리 조별 과제, 보미가 같이 하자고 하더라. 어때?

보미? 좋지. 보미가 자료도 잘 만들고 발표도 잘하잖아.

1) 가 부장님께서 오늘 회의는 11시에 시작하자고 하십니다.

나 네, 알겠습니다. 팀원들에게도 전달하겠습니다.

2) 가 보미가 과제 준비 때문에 내일 모이자고 하던데, 시간 괜찮아?
   나 응, 괜찮아. 어디서 모일 거야?
   가 보미가 자기 집에서 하재.

> • 앞에서 말했거나 앞에 나온 사람을 다시 가리킬 때는 '자기'를 쓰기도 한다.
>   윗사람을 지칭할 때는 사용하지 않는 것이 좋다.

3) 가 좀 전에 교수님이 뭐라고 하셨어?
   나 과제 제출일 꼭 지키라고 하셨어. 늦게 내면 성적에 반영이 안 된대.

4) 가 과장님 편찮으시다는 이야기요, 다른 사람한테 말하지 말라고 하시네요.
   나 말 안 해요. 좋은 이야기도 아닌데요.

> 간접 화법 [-자고 하다, -(으)라고 하다] ▼ 🔍
>
> • 들은 내용을 전달하거나 물을 때 또는 자신이 말한 내용을 다시
>   말할 때 사용한다.
> • '-자고 하다'는 청유문의 간접 화법이고 '-(으)라고 하다'는 명령문
>   의 간접 화법이다.

5) 가 언니, 이거 받아.
   나 이게 뭔데?
   가 나도 몰라. 엄마가 언니한테 갖다주라고 했어. 보면 알 거래.

6) 가 용재 씨 할아버님 조문 갔다 왔어요?
   나 아니요. 직접 못 가서 조의금 전해 달라고 김 대리한테 부탁했어요.

> 간접 화법 [-아/어/여 달라고 하다, -아/어/여 주라고 하다] ▼ 🔍
>
> • 들은 요청이나 부탁의 내용을 전달하거나 다시 말할 때 사용한다.
> • '-아/어/여 달라고 하다'는 요청이나 부탁의 내용을 받는 사람이 '말하는
>   사람'일 때 사용하고, '-아/어/여 주라고 하다'는 내용을 받는 사람이 '다
>   른 사람'일 때 사용한다.

1 다음과 같이 이야기해 보십시오.

해야 할 일을 미루지 마세요.

가 조금 전에 뭐라고 했어요?
나 해야 할 일을 미루지 말라고 했어요.

①	긴장하지 마.	②	속도가 느리면 업데이트를 하세요.
③	모집 시작하면 같이 신청합시다.	④	문상 갈 때 같이 가자.

2 다음과 같이 이야기해 보십시오.

저 좀 도와주세요.

가 조금 전에 뭐라고 했어요?

나 저 좀 도와 달라고 했어요.

저 학생 좀 도와주세요.

가 조금 전에 뭐라고 했어요?

나 저 학생 좀 도와주라고 했어요.

①	이 책 하준 씨한테 주세요.	②	중국어 좀 가르쳐 주세요.
③	추우니까 문 좀 닫아 주세요.	④	참가자 명단 정리 좀 해 주세요.

3 친구한테 하고 싶은 말(조언, 요청)을 생각한 후 전달해 보십시오.

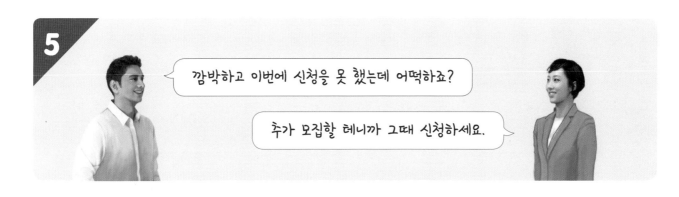

5

깜박하고 이번에 신청을 못 했는데 어떡하죠?

추가 모집할 테니까 그때 신청하세요.

1) 가 과장님이 많이 편찮으신가 봐요. 오늘도 안 오셨네. 연락 한번 해 봐야겠어요.
   나 좀 심각한 것 같아요. 지금 전화 받기 힘드실 테니까 나중에 하세요.

2) 가 자, 다 모였으니까 행사 준비 업무 좀 나눠 볼까요?
   나 그래요. 자료 복사는 제가 할 테니까 회원들한테 연락하는 거 맡아 줄래요?

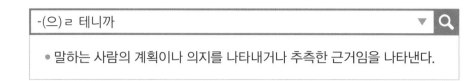

-(으)ㄹ 테니까 ▼ 🔍

• 말하는 사람의 계획이나 의지를 나타내거나 추측한 근거임을 나타낸다.

3) 가 아버지, 저 회사 그만두고 창업을 해 보려고요.

나 요즘 같은 때에 창업하는 게 쉽지 않을 텐데 잘할 수 있겠어?

가 많이 고민하고 준비한 거라 자신 있어요. 꼭 성공할 테니까 믿어 보세요.

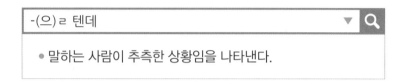

-(으)ㄹ 텐데 ▼ 🔍

• 말하는 사람이 추측한 상황임을 나타낸다.

1 다음과 같이 이야기해 보십시오.

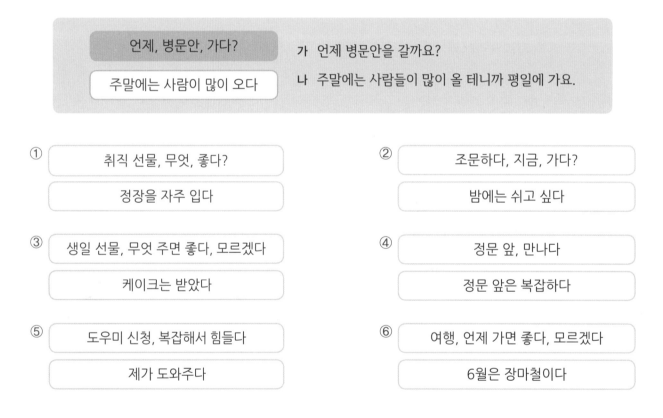

| 언제, 병문안, 가다? | 가 언제 병문안을 갈까요? |
| 주말에는 사람이 많이 오다 | 나 주말에는 사람들이 많이 올 테니까 평일에 가요. |

① 취직 선물, 무엇, 좋다?
  정장을 자주 입다

② 조문하다, 지금, 가다?
  밤에는 쉬고 싶다

③ 생일 선물, 무엇 주면 좋다, 모르겠다
  케이크는 받았다

④ 정문 앞, 만나다
  정문 앞은 복잡하다

⑤ 도우미 신청, 복잡해서 힘들다
  제가 도와주다

⑥ 여행, 언제 가면 좋다, 모르겠다
  6월은 장마철이다

2 다음에 대해 이야기해 보십시오.

앞으로 전망이 있을 것 같은 직업이나 전공 추천

한 번 더 연습해요

1 다음 대화를 들어 보십시오.

1) 두 사람은 무엇에 대해 이야기를 합니까?

2) 효신 씨에게 무슨 일이 있습니까?

2 다음 대화를 연습해 보십시오.

효신	나 유학 가.	슬기	유학? 언제 가는데?
	이번 학기 마치고 가려고.		여자 친구도 같이 가?
	아니. 혼자 가게 됐어.		

 너 들었어? 효신이 유학 간대.

진짜? 언제 간대?

 이번 학기 마치고 간대.
여자 친구하고 같이 가냐고 물었는데 혼자 간대.

3 여러분도 이야기해 보십시오.

1)

재일	나 곧 휴가 나가.	슬기	그래? 언제?
	다음 달 8일.		휴가가 며칠 동안이야?
	이번에는 짧아.		

2)

유정 선배	나 회사 옮겼어.	슬기	그래요? 언제 옮겼어요?
	옮긴 지 꽤 됐어.		왜 옮겼어요?
	적성에 안 맞아서.		

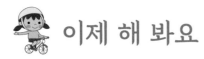

이제 해 봐요

들어요

1 다음은 새로운 정보를 확인하는 대화입니다. 잘 듣고 질문에 답하십시오.

1) 남자가 여자를 왜 찾았는지 고르십시오.

① 선배 소식을 알려 주려고

② 스터디 시간을 물어보려고

③ 스터디에 같이 가자고 하려고

2) 들은 내용과 같은 것을 고르십시오.

① 여자는 선배와 함께 문상을 갈 것이다.

② 남자는 휴대폰이 고장 나서 소식을 몰랐다.

③ 다음 스터디 날짜는 아직 정해지지 않았다.

읽어요

1 다음 연예 기사를 읽고 질문에 답하십시오.

박민준, 비연예인 연인과 9월 결혼

배우 박민준(37)이 비연예인 여자 친구와 9월 23일 결혼한다고 공식 발표했다. 박민준의 예비 신부는 지난해 알려진 열애 소식의 주인공이다. 당시 박민준의 열애 소식은 그 자체만으로도 화제였는데, 데뷔 이후 첫 공개 연애였기 때문이다. 20년 가까이 연예 활동을 하면서도 한 번도 연애 사실을 밝히지 않았던 이유를 물었을 때 상대방 여자 분에게 피해가 될 수 있어서 그동안 조심했다고 대답했었다. 지금 공개하는 이유가 뭐냐는 질문에 인생의 짝을 드디어 찾았고 결혼까지 생각하고 있기 때문이라고 밝혔다.

박민준은 공식 발표 전 자필 편지로 팬들에게 가장 먼저 결혼 소식을 알렸다. 그는 현재 교제 중인 여성과 앞으로의 인생을 함께하고 싶다고 하였고, 항상 응원해 주고 믿어 준 것처럼 앞으로도 많이 사랑해 달라고 전했다.

소속사 클럽엔터테인먼트는 박민준의 9월 결혼은 비연예인인 예비 신부와 양가 가족들을 배려해서, 구체적인 장소와 시간 등 결혼식과 관련된 세부 사항은 모두 비공개로 진행된다고 밝혔다.

mjlove2***	♥65	♡3	20XX.08.21

축하합니다. 행복한 가정 이루시길 바랍니다.

- -

edenkk***	♥128	♡12	20XX.08.22

ㅠㅠ 드디어 오빠도 가는군요. 누구하고 결혼하나 했는데. 예비 신부는 복도 많네요.

- -

kubgss***	♥25	♡0	20XX.08.22

제가 정말 좋아하는 배우의 결혼 소식을 들으니 기분이 좋네요. 예쁘게 잘 사세요. 항상 응원할게요.^^

1) 읽은 내용과 같으면 ○, 다르면 ✕에 표시하십시오.

① 배우 박민준은 같은 직업을 갖고 있는 사람과 결혼한다.   ○   ✕

② 배우 박민준은 연애 소식 없이 바로 결혼 소식을 전했다.   ○   ✕

③ 배우 박민준의 결혼식은 기자들에게 공개하지 않을 예정이다.   ○   ✕

2) 팬들의 댓글을 읽고 다시 전달해 보십시오.

말해요

1 새로 들은 소식이나 정보에 대해 이야기하십시오

1) 다음에 대해 새로 듣거나 아는 것이 있습니까?

생활 정보(맛집 등)　　　　　　　　자기 나라 소식

2) 위의 내용 중 하나를 선택해 구체적인 정보를 메모하십시오.

3) 메모한 내용을 바탕으로 친구와 이야기하십시오.

1 소식지를 만들어 봅시다.

1) 말하기에서 소개된 내용 중에서 소식지에 들어갈 항목을 친구와 의논하여 정하십시오.

2) 한 항목씩 맡아 소식 기사를 쓰려고 합니다. 쓸 내용을 메모하십시오.

3) 기사의 형식에 맞게 정리하여 쓰십시오.

4) 각자의 기사를 모아 우리 반의 소식지를 만들어 봅시다.

현실 발음 ①

● 밑줄 친 부분의 발음에 주의하면서 다음을 들어 보십시오.

1)
> 가 야, 너 전화 온다. 전화 <u>받아</u>.
>
> 나 <u>뭐</u>라고?
>
> 가 전화 <u>왔</u>다고.

2)
> 가 모임 날짜 10일로 <u>바뀌었</u>대.
>
> 나 그래? 알겠어.

비격식적인 일상 대화에서 다음과 같이 발음하는 사람도 있습니다.
◑ 'ㅏ'를 [ㅓ]로, 'ㅗ'를 [ㅜ]로 발음
◑ 어간 말음 'ㅟ'와 뒤에 오는 어미 'ㅓ'를 합쳐 [ㅕ]로 발음

● 다음을 읽어 보십시오.

> 1) 가 요즘 공지가 왜 이렇게 많아?
>
> 　 나 개강한 지 얼마 안 됐잖아.
>
> 2) 가 학교 앞에 갈 만한 식당 있어?
>
> 　 나 안암 식당에 가 봐. 맛도 괜찮고 가격도 싼 편이야.
>
> 3) 가 나 얼마 전부터 연우랑 사귀어.
>
> 　 나 축하해. 아, 나도 연애하고 싶다.
>
> 4) 가 나 뭐 달라진 거 없어?
>
> 　 나 글쎄… 아, 머리 모양이 바뀌었구나. 잘 어울린다.

● 들으면서 확인해 보십시오.

자기 평가

이번 과 공부는 어땠어요? 별점을 매겨 보세요!

새로운 소식이나 정보를 듣고 전달할 수 있습니까?	

3

제품의 문제

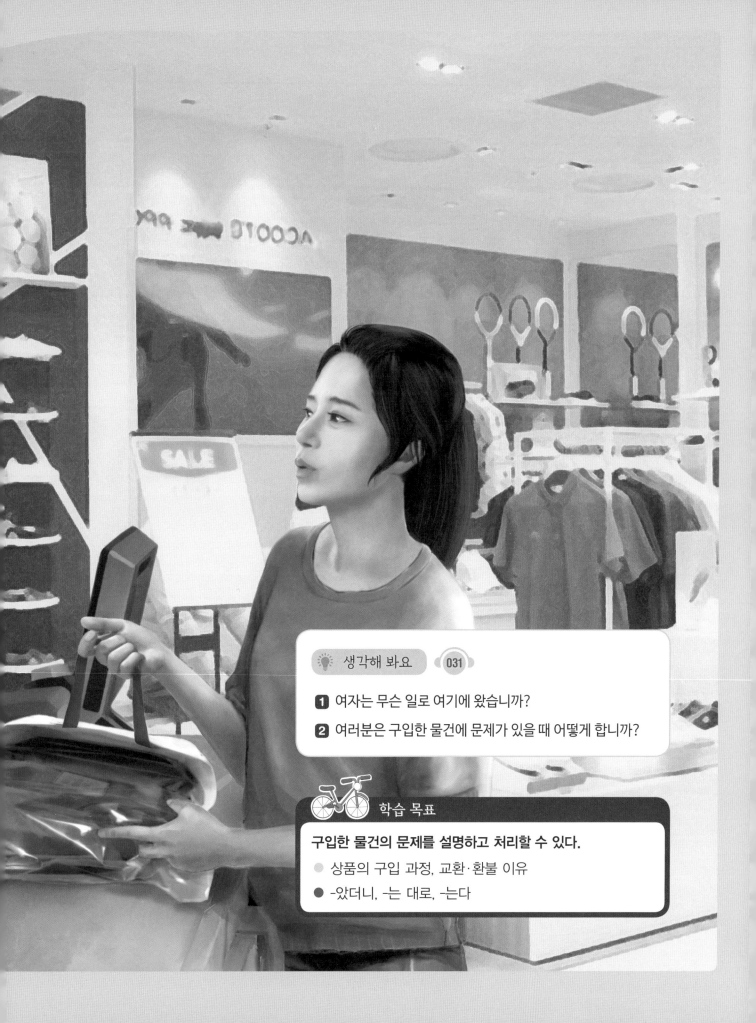

💡 생각해 봐요 031

1️⃣ 여자는 무슨 일로 여기에 왔습니까?

2️⃣ 여러분은 구입한 물건에 문제가 있을 때 어떻게 합니까?

🚲 학습 목표

구입한 물건의 문제를 설명하고 처리할 수 있다.

● 상품의 구입 과정, 교환·환불 이유

● -았더니, -는 대로, -는다

배워요

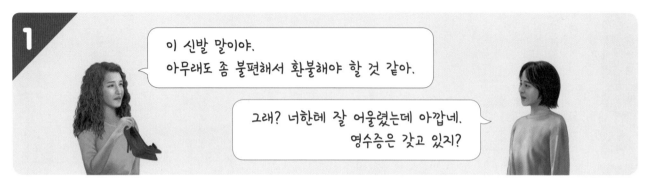

> **1**
>
> 이 신발 말이야.
> 아무래도 좀 불편해서 환불해야 할 것 같아.
>
> 그래? 너한테 잘 어울렸는데 아깝네.
> 영수증은 갖고 있지?

상품의 구입 과정 ▼ 🔍

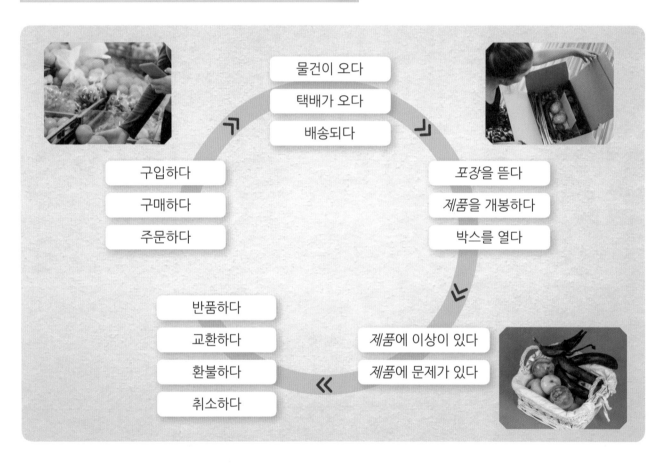

물건이 오다
택배가 오다
배송되다

구입하다
구매하다
주문하다

포장을 뜯다
제품을 개봉하다
박스를 열다

반품하다
교환하다
환불하다
취소하다

제품에 이상이 있다
제품에 문제가 있다

1) 가 어, 이거 색깔이 다른 게 왔는데.
　　 나 그러네. 잘못 보냈나 봐. 이거 반품하고 다시 보내 달라고 해야겠네.

2) 가 이 냉장고 오늘 주문하면 언제쯤 받을 수 있을까요?
　　 나 배송되는 데 보통 3, 4일 걸리니까 금요일까지는 도착할 겁니다.

1 다음과 같이 이야기해 보십시오.

☑ 인터넷에서 물건을 주문을 했는데 문제가 있어서 환불했어요.

☑ 주문한 물건이 와서 제품을 개봉했어요.

2 여러분은 교환, 환불, 구매 취소 등을 해 본 적이 있습니까? 이야기해 보십시오.

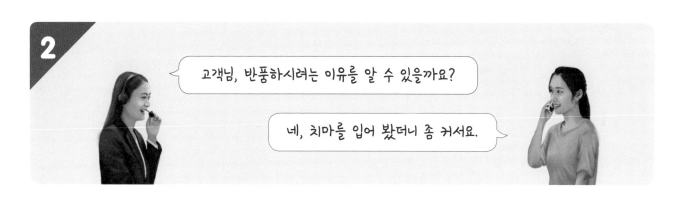

고객님, 반품하시려는 이유를 알 수 있을까요?

네, 치마를 입어 봤더니 좀 커서요.

1) 가 이 신발장 흰색으로 교환할 수 있대요?
   나 아뇨. 고객 센터에 물어봤더니 그 색깔만 품절이래요.

2) 가 저, 셔츠를 받아서 자세히 봤더니 화면하고 무늬가 다르던데요.
   나 그러셨어요? 주문 번호가 몇 번이시죠? 확인해 보겠습니다.

3) 가 반지 찾았네. 아무리 찾아도 없었잖아.
   나 혹시 몰라서 주머니 뒤져 봤더니 있더라고.

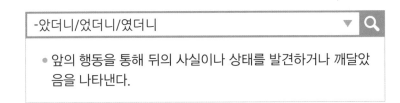

* 앞의 행동을 통해 뒤의 사실이나 상태를 발견하거나 깨달았음을 나타낸다.

4) 가 오늘은 웬일로 샐러드를 다 먹어?
   나 맨날 고기만 먹었더니 질려서.

5) 가 아까 그 손님은 왜 그러신 거예요?
   나 환불하러 오신 분인데요. 기간이 지나서 안 된다고 했더니 저렇게 화를 내시네요.

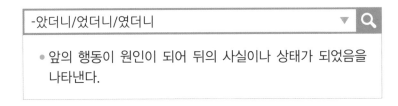

* 앞의 행동이 원인이 되어 뒤의 사실이나 상태가 되었음을 나타낸다.

1 다음과 같이 이야기해 보십시오.

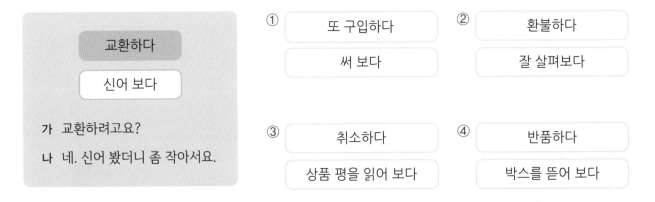

교환하다

신어 보다

가 교환하려고요?
나 네. 신어 봤더니 좀 작아서요.

① 또 구입하다 / 써 보다
② 환불하다 / 잘 살펴보다
③ 취소하다 / 상품 평을 읽어 보다
④ 반품하다 / 박스를 뜯어 보다

2 다음과 같이 이야기해 보십시오.

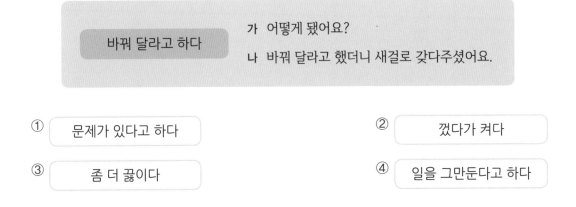

바꿔 달라고 하다

가 어떻게 됐어요?
나 바꿔 달라고 했더니 새걸로 갖다주셨어요.

① 문제가 있다고 하다
② 껐다가 켜다
③ 좀 더 끓이다
④ 일을 그만둔다고 하다

3 다음과 관련하여 새롭게 알게 된 것이나 결과를 이야기해 보십시오.

최근 구매 경험   한국어 공부

3

휴대폰이 자꾸 꺼져. 산 지 얼마 안 된 건데.

그래? 제품이 불량인가?
매장에 가서 한번 물어봐.

| 교환·환불 이유 | ▼ | 🔍 |

상품이 잘못 오다   제품의 일부가 없다   사은품이 안 오다

제품이 불량이다   품질이 떨어지다   파손되다

색상이 화면과 다르다   사용한 흔적이 있다   배송이 너무 늦다

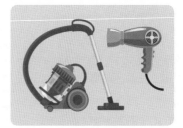

상하다   신선하지 않다   사이즈가 안 맞다   작동이 (잘) 안 되다

유통 기한이 지나다   구멍이 나다   소음이 심하다

뭐가 들어 있다   뭐가 묻어 있다   진동이 심하다

냄새가 나다

1) 가 어, 이게 뭐야? 컵 하나가 깨져서 왔네.

   나 배송 중에 파손됐나 봐. 이런 건 당연히 교환해 주겠지?

2) 가 여기에 뭐 묻어 있는 거 보이시죠?

   나 네, 그러네요. 죄송합니다. 바로 새걸로 교환해 드리겠습니다.

3) 가 고객님, 배송받으신 과일에 문제가 있으시다고요?

   나 네. 박스를 열어 봤더니 아래에 있는 것들이 너무 상했더라고요.

> • '-는다고(요)/ㄴ다고(요)/다고(요)?'는 들은 내용을 확인하기 위해서
> 물을 때 또는 다른 사람의 말에 놀람을 나타낼 때 사용한다.
> 컵이 깨졌다고요?

1 다음과 같이 이야기해 보십시오.

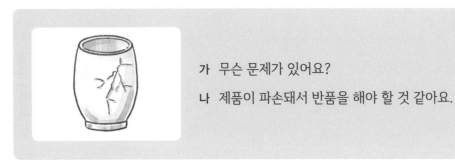

가 무슨 문제가 있어요?

나 제품이 파손돼서 반품을 해야 할 것 같아요.

① ② ③

2 구입한 제품에 문제가 있었던 경험을 이야기해 보십시오.

4 주문한 상품이 아직 안 왔는데 언제 받을 수 있을까요?

죄송합니다. 지금 물건이 아직 안 들어와서요. 들어오는 대로 보내 드리겠습니다.

1) 가 물건 먼저 받고 돈을 보내 드려도 되나요?
   나 아니요, 돈을 먼저 보내 주셔야 됩니다. 입금이 확인되는 대로 물건을 보내 드리겠습니다.

2) 가 이 노트북 수리하는 데 얼마나 걸릴까요?
   나 2, 3일 걸리는데요. 수리가 끝나는 대로 연락을 드리겠습니다.

-는 대로	▼	Q
• '어떤 행동이나 상태가 되는 즉시'의 의미를 나타낸다.		

3) 가 책상 조립 할 만하네. 생각보다 쉬운데.
   나 그러게. 설명서에 쓰여 있는 대로 했더니 금방 완성되네.

4) 가 강 대리, 이번 겨울 상품 할인 행사는 계획대로 진행되고 있습니까?
   나 네, 부장님. 저희가 예상한 대로 소비자들의 반응이 아주 뜨겁습니다.

-는/(으)ㄴ 대로	▼	Q
• '앞의 모양이나 상태와 같이'의 의미를 나타낸다.		

1 다음과 같이 이야기해 보십시오.

도착하다

가 지금 받을 수 있어요?
나 아니요, 지금은 안 되고요.
  물건이 도착하는 대로 연락드릴게요.

① 물건이 들어오다

② 수선이 끝나다

③ 제품이 완성되다

④ 배송 준비가 되다

2 다음과 같이 이야기해 보십시오.

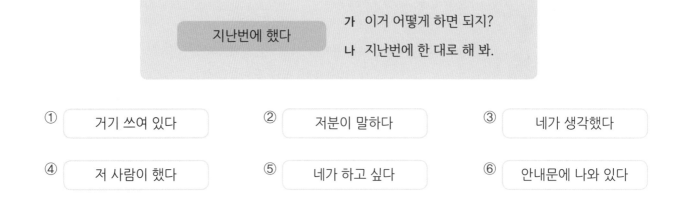

가 이거 어떻게 하면 되지?
나 지난번에 한 대로 해 봐.

지난번에 했다

① 거기 쓰여 있다

② 저분이 말하다

③ 네가 생각했다

④ 저 사람이 했다

⑤ 네가 하고 싶다

⑥ 안내문에 나와 있다

3 다음이 이루어지면 바로 무엇을 할지 이야기해 보십시오.

4급을 수료하다

취직을 하다

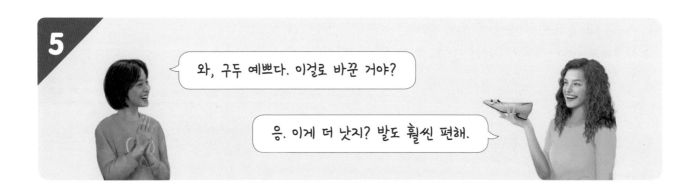

5

와, 구두 예쁘다. 이걸로 바꾼 거야?

응. 이게 더 낫지? 발도 훨씬 편해.

1) 가 택배 왔다. 내가 나가 볼게.
   나 어제 주문한 게 벌써 왔나 보네. 배송 진짜 빠르다.

2) 가 여기 되게 싸게 판다. 이쪽에 있는 것들은 50% 세일이래.
   나 그래? 그럼 많이 사 놔도 되겠다.

> • '-아/어/여 놓다'는 어떤 행동의 결과를 유지함을 나타낸다. 대부분의 경우 '-아/어/여 두다'와 바꿔 쓸 수 있다.
> 더워서 창문을 열어 놓았어요.

3) 가 어디 봐. 야, 너 사진 진짜 잘 찍는다.
   나 그치? 내가 사진 좀 찍을 줄 알지.

4) 가 이거 뭔지 알아? 제이 콘서트 티켓이다.
   나 정말? 너 이거 어떻게 구했어? 진짜 부럽다.

-는다/ㄴ다/다 ▼ 🔍
● 구어에서 어떤 사건이나 상태를 서술할 때 사용한다. 대화 상황에 따라 감탄이나 자랑을 나타내기도 한다.

1 다음과 같이 이야기해 보십시오.

②

다음을 어떻게 부르는지 알고 있습니까? 확인해 보십시오.

연결선(케이블)   코드   콘센트   멀티탭

단추   끈   주머니   지퍼

한 번 더 연습해요

1 다음 대화를 들어 보십시오. 🎧 032

1) 남자는 여기에 무엇을 하러 왔습니까?

2) 남자가 산 제품에는 어떤 문제가 있습니까?

2 다음 대화를 연습해 보십시오.

 이 청바지요. 여기서 산 건데 교환되나요?

제품에 무슨 문제가 있어요?

 집에 가서 입어 봤더니 사이즈가 안 맞아서요.
바꿔 주실 수 있죠?

네, 확인 후에 바꿔 드릴게요.
영수증 좀 보여 주시겠어요?

3 여러분도 이야기해 보십시오.

1)

| 가 | 화장품, 환불 | 뭐가 들어 있다 |

2)

| 가 | 이불, 교환 | 색상이 마음에 안 들다 |

3)

| 가 | 청소기, 교환 | 작동이 잘 안 되다 |

이제 해 봐요

 읽어요

1 다음은 인터넷 쇼핑몰의 교환 및 환불 안내입니다. 잘 읽고 질문에 답하십시오.

● **교환 및 환불 절차 안내**

교환이나 환불을 원하시는 고객께서는 먼저 고객 센터로 연락하셔서 접수를 해 주십시오. 고객님의 구입 내역이 확인되면 저희 택배 기사가 제품을 가지러 고객님 댁에 방문할 것입니다. 제품이 저희 쪽에 도착하는 대로 요청하신 교환 또는 환불을 처리해 드립니다.

● **기타 안내 및 주의 사항**

1. 제품을 수령하신 후 7일 이내에 접수하셔야 합니다. (단, 제품 불량인 경우 1개월 이내)
2. 상품의 불량, 파손 등의 경우 배송비는 저희 쪽에서 부담합니다. 그러나 ㉠ 단순 변심이나 색상 및 사이즈 교환일 경우에는 배송비를 부담하셔야 합니다.
3. 다음의 경우는 교환이나 환불이 불가능합니다.
   • 상품 및 내부 구성물(라벨, 태그 등)을 분실하였거나 제품이 훼손, 파손, 오염된 경우
   • 신발 및 기타 상품의 상자나 케이스를 분실한 경우
   • 상품을 사용했거나 일부를 소비한 경우

KU몰 고객 센터: 02-3232-4164 / KU택배: 1588-1212

1) 읽은 내용과 같은 것을 고르십시오.

   ① 교환 또는 환불하려는 물건을 택배로 보낸 후 고객 센터에 접수하면 된다.
   ② 구입한 운동화의 상자를 버리면 교환이나 환불을 할 수 없다.
   ③ 사이즈 교환의 경우 일주일 안에 접수하면 배송비를 내지 않아도 된다.

2) ㉠은 무슨 뜻입니까? 의미를 설명하십시오.

들어요

1 다음은 신발 매장에서의 대화입니다. 잘 듣고 질문에 답하십시오.

1) 여자는 제품의 무슨 문제 때문에 이곳에 왔습니까?

① 색상　　　　　② 품질　　　　　③ 가격　　　　　④ 사이즈

2) 들은 내용과 같은 것을 고르십시오.

① 여자가 산 제품은 불량 제품이었다.

② 여자는 이 제품을 아직 사용하지 않았다.

③ 여자는 제품을 수선해서 사용하기로 했다.

말해요

1 구입한 제품의 문제를 설명하고 처리하십시오.

1) 구매자와 판매자가 이야기할 내용을 생각해 보십시오.

> **구매자**
> - 구입한 제품
> - 제품의 문제
> - 요구 사항

> **판매자**
> ☐ 요청을 들어줄 수 있음 　　　　☐ 요청을 들어줄 수 없음
> 　　　　　　　　　　　　　　　　　(이유 :　　　　　　　　　　)

2) 구매자와 판매자가 되어 이야기하십시오.

1 구입한 제품의 교환 및 환불 신청서를 작성하십시오.

써요

1) 다음 제품 중 하나를 골라 제품의 문제와 요구 사항을 생각해 보십시오.

스포츠 가방 03

파란색(블루)

남성용 티셔츠

회색(그레이)

L(100)

캠핑용 의자

초록색(그린)

특대

2) 생각한 것을 바탕으로 교환 및 환불 신청서를 작성하십시오.

교환 및 환불 신청서

주문 정보	주문자명: 연락처:	주문자 ID: green22
상품 정보	제품명:	주문번호: No. 32938
신청 내용	☐ 교환 - 색상/사이즈 (　　　　　→　　　　　) ☐ 환불 ☐ 기타 (　　　　　　　　　　　)	
환불 방법	※ 카드로 결제하신 경우는 결제가 취소됩니다. 현금으로 결제하신 경우, 다음 중 택 1 ☐ 계좌로 환불 (계좌번호:　　　　　　　　, 예금주:　　　) ☐ 적립금/포인트　　　☐ 상품권	
교환/환불 사유	※ 품질 및 서비스 향상을 위해 구매하신 제품의 문제와 그 밖의 불만 사항을 자세히 적어 　주시면 감사하겠습니다. (20자 이상)	
기타 문의 사항		

발음 # 현실 발음 ②

- 밑줄 친 부분의 발음에 주의하면서 다음을 들어 보십시오.

> 가 이거 좀 <u>교환하려고요</u>.
>
> 나 네, 이쪽으로 주시겠어요?

비격식적인 일상 대화에서 다음과 같이 발음하는 사람도 있습니다.
- '-(으)려고'를 [-(으)ㄹ려고], [-(으)ㄹ라고], [-(으)ㄹ라구] 등으로 발음

- 다음을 읽어 보십시오.

> 1) 가 준호가 입원했다고?
>   나 응. 그래서 이따가 병문안 가려고. 같이 갈래?
>
> 2) 가 나 졸업, 한 학기 더 미루려고.
>   나 그래? 졸업 전에 하고 싶은 거라도 있어?
>
> 3) 가 이번 학기에 그 강의 안 들어?
>   나 응. 다음에 들으려고.
>
> 4) 가 뭘 이렇게 많이 샀어요?
>   나 사람들하고 같이 나눠 먹으려고요.

- 들으면서 확인해 보십시오.

자기 평가

이번 과 공부는 어땠어요? 별점을 매겨 보세요!

구입한 물건의 문제를 설명하고 처리할 수 있습니까?

4

엔터테인먼트

💡 생각해 봐요   🎧 041

1 여자는 무엇을 이야기하고 있습니까?

2 여러분은 어떤 엔터테인먼트를 즐깁니까?

🚲 학습 목표

사람들이 즐기는 엔터테인먼트에 대해 이야기할 수 있다.

● 엔터테인먼트 종류, 인기와 흥행

● -는다면서요?, -자마자, -을 정도로

배워요

1

어제 드라마 봤어?

당연히 봤지. 오늘 재방한다고 해서 또 보려고.

엔터테인먼트 종류 ▼ 🔍

방송

드라마

예능

시사, 교양

뉴스

스포츠

라디오

| 퀴즈 쇼 | 음악 방송 | 다큐멘터리 | 관찰 예능 |

| 생방송(생방) | 녹화 방송(녹방) | 본방송(본방) | 재방송(재방) |

| 프로그램이 방송되다 | 드라마를 연출하다 | 배우가 나오다 |
| | | 유명인이 출연하다 |

| 방송국 | 연출가 | 진행자 | 출연자 |

댄스

발라드

힙합

트로트

앨범이 나오다

싱글 음반이 발매되다

음원이 공개되다

작곡가   작사가   편곡자

영화

멜로, 로맨스

액션

코미디

공포

애니메이션

영화를 제작하다

영화가 개봉되다

영화가 상영되다

영화를 찍다

영화를 촬영하다

연기하다

악역을 맡다

제작사   감독   주연(주인공)   조연

1) 가 이번 드라마에서는 처음으로 악역을 맡으셨다고 들었습니다.
   나 네, 부담이 많았는데요. 보시는 분들이 어떻게 보실지 궁금하네요.

2) 가 너, 제이 신곡 들었어?
   나 3집 앨범이 나온 거야?
   가 아니. 어제 싱글 음원만 공개됐어. 나중에 3집에 들어갈 거래.

3) 가 이 영화는 주연을 맡은 마크 로빈슨이 직접 제작까지 했다고 들었는데요.
   나 네, 무명의 작가가 쓴 시나리오를 우연히 읽게 된 마크 로빈슨이 감동을 받아서 영화 제작을 결정했다고 합니다.

1 다음과 같이 이야기해 보십시오.

가 영화 장르가 뭐예요?
나 애니메이션이에요.
　　　　 ⋮

①

②

③

2 여러분이 최근에 보거나 들은 영화, TV 프로그램, 음반에 대해 이야기해 보십시오.

영화   TV 프로그램   음반

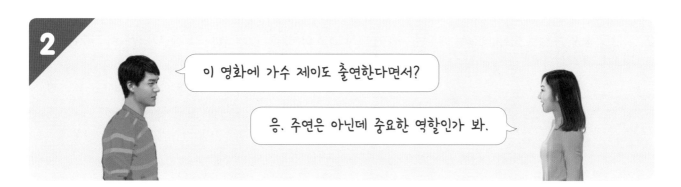

1) 가 이번 3집 앨범은 작사, 작곡에도 참여하셨다면서요?
   나 네. 전곡은 아닌데요. 타이틀곡하고 몇 곡을 직접 만들어 봤습니다.

2) 가 이 프로그램 봐요? 요즘 이게 그렇게 인기가 많다면서요?
   나 네, 재미있더라고요. 안 봤으면 한번 보세요. 재방송도 많이 해요.

3) 가 어제 〈비밀의 섬〉 마지막 회 봤어요? 조승호가 범인이라면서요?
   나 으악, 말하지 마요. 저도 아직 안 봤어요.

-는다면서(요)/ㄴ 다면서(요)/다면서(요)?
• 들은 내용을 확인하기 위해서 물을 때 사용한다.

1 다음과 같이 이야기해 보십시오.

개봉 | 다음 주
등급 | 12세 관람가
장르 | 멜로

가 이거 다음 주에 개봉한다면서요?
나 네. 다음 주 목요일에 개봉한대요.
⋮

① 영화 ┃ 퇴근 시간(코
감독 ┃ 이종필
주연 ┃ 고은아(정   역)
        김지훈(정신병원 환자 역)

② 곡 ┃ 기도(발
가수 ┃ 민희상
곡 ┃ 코코
작사 ┃ 민희   이사라

2 최근 가장 인기 있는 영화나 노래, 배우나 가수에 대해 들은 이야기가 있습니까? 그 정보가 맞는지 친구에게 묻고 확인해 보십시오.

> 영화, 배우

> 노래, 가수

3

> 요즘 이 드라마가 큰 화제를 모으고 있죠?

> 맞습니다. 매주 최고 시청률을 기록하고 있습니다.

인기와 흥행

인기를 얻다   주목을 끌다   화제를 모으다

수익을 올리다   흥행에 성공하다

최고 시청률을 기록하다   차트에서 *1위*를 하다   *천만* 관객을 동원하다

화제성 1위를 차지하다   차트를 휩쓸다   조회 수 *1억* 뷰를 돌파하다

1) 가 제작하신 연극이 홍보도 많이 안 했는데 흥행에 성공했다면서요?
   나 네. 다행스럽게도 관객분들 사이에 입소문이 나서 잘된 것 같아요.

2) 가 이 노래 제목이 뭐예요? 여기저기에서 정말 많이 들리던데.
　　나 '스텔라'라고 하는데 별이라는 뜻이래요. 이 곡이 지금 모든 음원 차트를 휩쓸고 있어요.

> • 원이름을 밝혀 말할 때 '○○라고 하다'를 사용할 수 있다.
>
> 우리 나라에서는 '세비체'라는 음식을 자주 먹는다.
>
> 이건 우리 나라 말로 '꿔바로우'라고 하는데 돼지고기를 바싹 튀긴 음식이에요.

3) 가 한때는 여행 프로그램이 인기가 많았는데 요즘에는 '먹방'이 대세인 것 같아요.
　　나 맞습니다. 조회 수 천만 뷰가 넘는 콘텐츠도 나오고 있습니다.

1 다음과 같이 이야기해 보십시오.

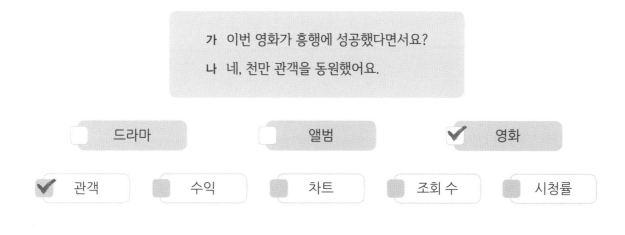

2 다음에 대해 이야기해 보십시오.

| 최고 시청률의 드라마 | 흥행에 성공한 영화 | 현재 음원 차트 1위 곡 |

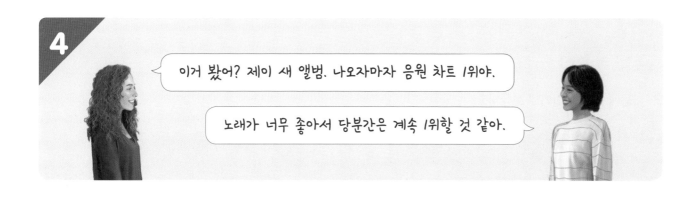

1) 가 김지훈 씨는 단역을 해 본 적이 별로 없으시죠?
   나 네. 운이 좋아서 데뷔하자마자 바로 드라마 주연을 맡았어요.

2) 가 뮤지컬 표 구했어?
   나 아니. 판매 시작하자마자 사이트에 들어갔는데 다 매진이야.

3) 가 잠자리가 불편하지는 않았어요?
   나 전혀요. 제가 좀 예민한 편인데 어제는 눕자마자 바로 잠들었어요.

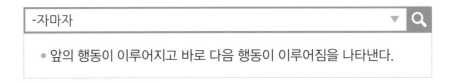

-자마자 ▼ 🔍

• 앞의 행동이 이루어지고 바로 다음 행동이 이루어짐을 나타낸다.

1 다음과 같이 이야기해 보십시오.

가 대중의 반응은 어떤가요?
나 컴백 기사가 나오자마자 환영한다는 팬들의 댓글이 달리고 있습니다.

① 앨범이 발매되다 — 조회 수 천만 뷰를 돌파했다

② 컴백 기사가 나오다 — 음원 차트를 싹쓸이했다

③ 뮤직비디오가 공개되다 — 환영한다는 팬들의 댓글이 달리고 있다

④ 마지막 회 방송이 끝나다 — 관객 수가 크게 늘었다

⑤ 영화제 수상 소식이 전해지다 — 시즌 2 제작 요구가 이어지고 있다

2 다음에 대해 이야기해 보십시오.

첫눈에 좋아하게 된 연예인   아침에 눈뜨고 바로 하는 일

5 드라마와 함께 드라마 주제곡도 큰 인기를 끌었다면서요?

맞습니다. 당시 모든 사람이 이 노래를 따라 부를 정도로 큰 사랑을 받았습니다.

1) 가 이 영화는 예상하지 못한 반전으로 유명한데요. 촬영장에서는 모두 결말을 알고 있었나요?
   나 감독과 주연 배우 외에는 모두에게 비밀로 할 정도로 결말을 숨겼다고 합니다.

2) 가 그곳에서 배우 유민호 씨 인기가 폭발적이라면서요?
   나 네. 팬 미팅을 위해 유민호 씨가 이곳을 방문한다는 소식에 몰려든 취재진과 현지 팬들로 공항이 마비될 정도였습니다.

3) 가 콘서트 어땠어?
   나 가길 잘한 것 같아. 직접 보니까 진짜 소름 돋을 정도로 잘 부르더라. 음원으로 듣는 거하고는 차원이 달랐어.

-(으)ㄹ 정도로, -(으)ㄹ 정도이다 ▼	🔍

- 어떤 행동이나 상태가 일어날 수 있는 수준임을 나타낸다.

1 다음과 같이 이야기해 보십시오.

드라마	가 이 드라마가 그렇게 인기가 많았다면서요? 나 방송 시간에는 거리가 한산할 정도였어요.

① 영화	② 노래	③ 예능 프로그램

④ 드라마	⑤ 라디오 방송	⑥ 다큐멘터리

친구 중에 안 본 사람이 없다

방송 시간에는 거리가 한산하다

비싼 티켓값이 아깝지 않다

여기저기에서 그 노래만 들리다

주인공 대사를 다 따라 하다

제목만 말해도 모르는 사람이 없다

오랫동안 청취율 1위를 하다

방송 다음 날에는 모두 그 이야기만 하다

2 여러분의 나라에서 인기가 있었던 영화나 드라마, 노래는 무엇입니까? 그 인기는 어느 정도였는지 이야기해 보십시오.

● 다음 상황을 설명할 때 어떻게 표현하면 좋을지 이야기해 보십시오.

한 번 더 연습해요

1 다음 대화를 들어 보십시오. (042)

1) 두 사람은 무엇에 대해 이야기하고 있습니까?

2) 소개한 프로그램은 어떤 특징이 있습니까?

2 다음 대화를 연습해 보십시오.

 요즘 인기 있는 프로그램이 뭐예요?

'퀴즈휴먼'이라는 예능 프로그램이에요.

 무슨 내용이에요?

매주 어떤 분야의 유명한 사람을 만나서 인터뷰도 하고
퀴즈도 푸는 프로그램이에요.
방송이 끝나면 출연한 사람이
검색어 1등을 할 정도로 인기가 많아요.

3 여러분도 이야기해 보십시오.

1)

가	영화	나	'안암학사'
			어떤 기숙사에서 학생들이 한 명씩 사라지다, 주변에서 이 영화를 안 본 사람이 없다

2)

가	드라마	나	'가족입니까'
			가족 간의 오해와 사랑을 그리다, 매주 최고 시청률을 기록하다

이제 해 봐요

들어요

1 다음은 유명 가수를 인터뷰한 대화입니다. 잘 듣고 질문에 답하십시오.

1) 여자에 대한 설명으로 맞는 것을 고르십시오.

① 어린 나이에 일을 시작한 것을 후회한다.

② 데뷔했을 당시에는 큰 인기를 끌지 못했다.

③ 한국에서 데뷔한 이후 해외 활동을 한 적이 있다.

2) 여자가 발매한 이번 앨범에 대한 소개로 맞는 것을 고르십시오.

① 20번째 정규 앨범이다.

② 여자가 작사, 작곡에도 참여했다.

③ 앨범 이름은 '별바라기'이다.

읽어요

1 다음 영화 소개 글을 읽고 질문에 답하십시오.

> 부모님의 이혼으로 오래 살던 집을 떠나 '할아버지(김상조)' 집에서 여름 방학을 보내게 된 남매 '영주(최정운)'와 '동주(박승준)'. 엄마, 아빠 없이 시골로 내려가는 길은 불편하고 우울한 시간이었지만 시골 할아버지 집에서 밤하늘의 별도 보고 팥빙수, 비빔국수 등 여름 음식을 만들어 먹으면서 즐거운 여름 방학을 보내게 된다.
>
> <여름 방학>은 어린 남매가 시골에서 보내며 즐기는 여름날의 풍경과 가족의 사랑을 그려 낸 가족 드라마이다. 어린 시절에만 느낄 수 있는 감정을 잘 표현한 김단비 감독의 연출력과 실제 남매라고 생각할 정도로 살아 있는 연기를 선보인 배우들의 연기가 돋보인다. 지난해 부산국제영화제에서 처음 소개된 이후 산골영화제 대상을 비롯하여 다수의 국제 영화제에서 작품상과 연출상을 수상했다. 국내에서는 다음 달 개봉 예정이다.

1) 읽은 내용으로 알 수 없는 것을 고르십시오.

① 감독   ② 주연 배우   ③ 줄거리   ④ 흥행 성적

2) 영화를 감상한 후 쓴 '한 줄 평'입니다. 맞지 않는 것을 고르십시오.

① ★ ★ ★ ★ ☆   저와 제 동생을 보는 줄. 현실 남매 연기 최고!

② ★ ★ ★ ★ ★   이런 영화가 상을 받아야 하는데…. 너무 아쉬워요.

③ ★ ★ ★ ☆ ☆   가족의 소중함을 깨닫게 되는 영화였습니다. 너무 잘 봤어요.

말해요

1 여러분 나라의 유명한 엔터테인먼트에 대해 소개하십시오.

1) 무엇을 소개할지 생각해 보십시오.

영화	음악	방송 프로그램

2) 소개할 장르와 관련이 있는 항목을 아래에서 찾아 ✔ 표시하고 구체적인 내용을 조사하십시오.

☐ 제목   ☐ 감독, 연출, PD   ☐ 제작, 기획

☐ 주연 배우, 주인공   ☐ 가수   ☐ 출연자

☐ 작곡가   ☐ 진행자   ☐ 제작, 방영, 상영 시기

☐ 장르   ☐ 긍정적 평가   ☐ 부정적 평가

3) 위의 항목 외에 더 소개하고 싶은 내용이 있다면 조사하십시오.

4) 소개에 도움이 될 사진이나 영상 자료가 있다면 미리 준비하십시오.

5) 위의 내용을 바탕으로 소개하십시오.

1 여러분 나라의 유명한 엔터테인먼트를 소개하는 글을 쓰십시오.

써요

1) 말하기에서 소개한 내용을 떠올리며 글을 어떻게 구성할지 생각해 보십시오.

2) 생각한 내용을 바탕으로 글을 쓰십시오.

덕후의 세계

● '덕후'라는 말을 들어 봤습니까? 덕후와 관련된 표현을 알아봅시다.

덕후 어떤 분야나 대상에 대해 전문가 이상의 열정과 흥미를 가지고 있는 사람이라는 의미로 사용한다.

BGM 제이 - Full Moon

취준 때문에 휴덕 중ㅠㅠ

💬 채팅하기   ✏️ 프로필 편집

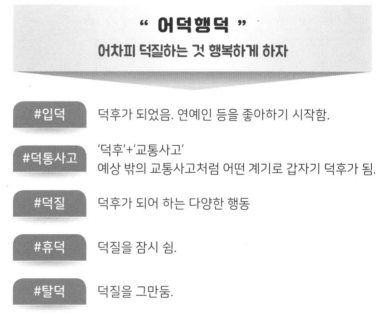

" 어덕행덕 "
어차피 덕질하는 것 행복하게 하자

#입덕 덕후가 되었음. 연예인 등을 좋아하기 시작함.

#덕통사고 '덕후'+'교통사고'
예상 밖의 교통사고처럼 어떤 계기로 갑자기 덕후가 됨.

#덕질 덕후가 되어 하는 다양한 행동

#휴덕 덕질을 잠시 쉼.

#탈덕 덕질을 그만둠.

#최애 가장 좋아하는 연예인 또는 그룹의 멤버

● 여러분의 최애는 누구입니까? 여러분은 어떤 덕질을 하고 있습니까?

자기 평가 이번 과 공부는 어땠어요? 별점을 매겨 보세요!

사람들이 즐기는 엔터테인먼트에 대해 이야기할 수 있습니까? ☆ ☆ ☆ ☆ ☆

1 여자는 선생님께 어떻게 인사했습니까?

2 여러분은 다른 사람과 생각이 달랐던 적이 있습니까?

 학습 목표

생각의 차이에 대해 이야기할 수 있다.

● 사람을 대하는 방식, 예의, 차이에 대한 태도

● 아무 (이)나, -더라도

● 상대방 이해시키기

5

생각의 차이

 배워요

1

 나이가 어린 사람한테는 다 반말로 이야기해요?

친하지 않으면 존댓말을 하는 것이 예의야.

사람을 대하는 방식 ▼ 🔍

고개를 숙이다

손을 흔들다

악수하다

껴안다/포옹하다

나탈리!

윗사람을 이름으로 부르다

윗사람을 직함으로 부르다

몇 살이야?

반말을 하다/말을 놓다

존댓말을 하다

사적인 질문을 하다

예의 ▼ 🔍

예의이다   예의가 아니다/실례이다

예의를 지키다   예의가 바르다   예의가 없다/무례하다   버릇이 없다

존중하다   배려하다   무시하다

1) 가 윗사람에게 인사할 때는 어떻게 해야 돼요?
   나 한국 사람들은 보통 고개를 숙이면서 인사해요.

2) 가 어른께 뭔가를 드릴 때 두 손으로 드려야 해요?
   나 네. 여기에서는 그게 예의예요.

3) 가 사장님, 이 회사에서는 모든 직원이 서로에게 존댓말을 사용한다면서요?
   나 네, 서로를 존중하자는 의미에서 회장님부터 신입 사원까지 모든 직원이 존댓말로 이야기합니다.

1 다음과 같이 이야기해 보십시오.

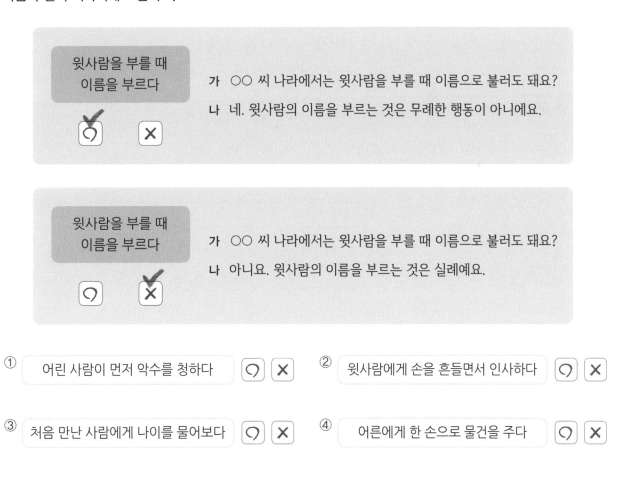

① 어린 사람이 먼저 악수를 청하다 ⤺ ✕   ② 윗사람에게 손을 흔들면서 인사하다 ⤺ ✕

③ 처음 만난 사람에게 나이를 물어보다 ⤺ ✕   ④ 어른에게 한 손으로 물건을 주다 ⤺ ✕

2 여러분의 나라에서 처음 만난 사람이나 윗사람을 대할 때 지켜야 할 예의가 있습니까? 이야기해 보십시오.

 선배한테 전화하려고 했는데 벌써 시간이 이렇게 됐네. 지금 전화하면 안 되겠지?

 응. 아무리 친해도 아무 때나 전화하면 안 되지.

1) 가 저 사람은 왜 아무한테나 반말을 할까요?
   나 그러게요. 친한 사이도 아닌데요.

2) 가 이 게시판 좀 보세요. 나쁜 댓글이 많네요.
   나 익명이라고 이렇게 아무 말이나 하면 안 되는 거 아니에요?

3) 가 우리 여행비 아껴야 할 것 같은데 좀 저렴한 숙소는 어때?
   나 괜찮아. 나 아무 데서나 잘 자.

4) 가 휴지 종류가 왜 이렇게 많아? 어느 것을 사야 할지 모르겠네.
   나 어차피 품질은 비슷할 테니까 아무거나 사자.

아무 (이)나 ▼ Q
• 특별히 어떤 것을 정하거나 선택하지 않음을 나타낸다.

1 다음과 같이 이야기해 보십시오.

어디, 앉다	가 어디에 앉으면 돼요? 나 이름표가 있는 자리만 아니면 아무 데나 앉아도 돼요.

① 언제, 전화하다

② 어디, 이 짐을 두다

③ 누구한테, 물어보다

④ 어떤 옷, 입다

2 다음과 같이 이야기해 보십시오.

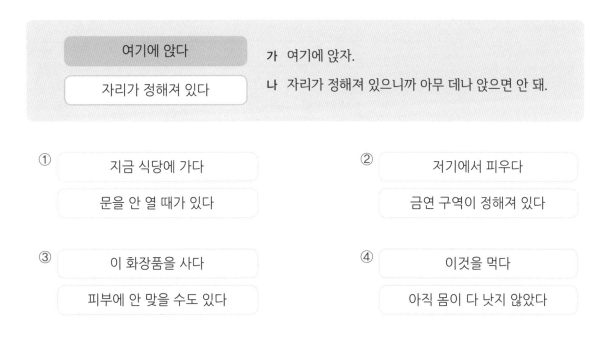

여기에 앉다	**가** 여기에 앉자.
자리가 정해져 있다	**나** 자리가 정해져 있으니까 아무 데나 앉으면 안 돼.

① 지금 식당에 가다 / 문을 안 열 때가 있다

② 저기에서 피우다 / 금연 구역이 정해져 있다

③ 이 화장품을 사다 / 피부에 안 맞을 수도 있다

④ 이것을 먹다 / 아직 몸이 다 낫지 않았다

3 여러분의 나라에서 신경 써서 행동해야 할 것이 있습니까? 이야기해 보십시오.

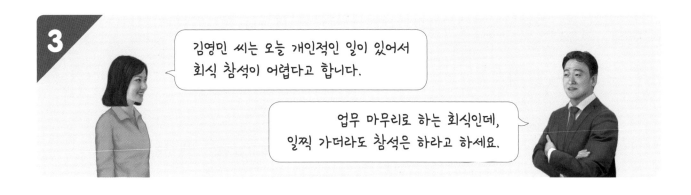

김영민 씨는 오늘 개인적인 일이 있어서 회식 참석이 어렵다고 합니다.

업무 마무리로 하는 회식인데, 일찍 가더라도 참석은 하라고 하세요.

1) 가 친구의 부모님을 부를 때도 이름을 불러요?
   나 네. 우리 나라에서는 가까운 사이라면 상대방의 나이가 많더라도 이름을 불러요.

2) 가 우리 아이들은 내가 무슨 말만 하면 잔소리라고 생각해요.
   나 좋은 말을 하더라도 계속 하면 잔소리가 되는 거예요.

3) 가 아직도 화가 안 풀렸어요? 그 사람도 나쁜 의도는 아니었을 거예요.
   나 나쁜 의도로 한 행동이 아니더라도 상대방이 불쾌하게 느끼면 그건 예의가 아니잖아요.

4) 가 어떤 나라의 문화가 우리 나라와 다르더라도 그 나라만의 문화를 존중해야 돼요.
　　나 맞는 말이에요. 저도 그렇게 생각해요.

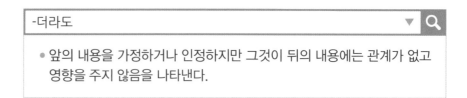

-더라도　　　　　　　　　　　　　　　　　　　　　　▼　🔍

　● 앞의 내용을 가정하거나 인정하지만 그것이 뒤의 내용에는 관계가 없고
　　영향을 주지 않음을 나타낸다.

1 다음과 같이 이야기해 보십시오.

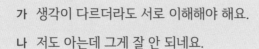

가 생각이 다르더라도 서로 이해해야 해요.
나 저도 아는데 그게 잘 안 되네요.

① 생각이 다르다　　　　　　　　　　　포기하면 안 되다

② 힘들다　　　　　　　　　　　　　　　예의를 지켜야 하다

③ 마음에 안 들다　　　　　　　　　　　이 일을 끝내야 하다

④ 무슨 일이 있다　　　　　　　　　　　서로 이해해야 하다

⑤ 혼날 때 혼나다　　　　　　　　　　　일단 오늘은 즐기다

　　　　　　　　　　　　　　　　　　　다른 사람을 존중해 줬으면 좋겠다

2 어떤 상황에서도 지켜야 하는 것이나 절대로 바꿀 수 없는 생각이 있습니까? 이야기해 보십시오.

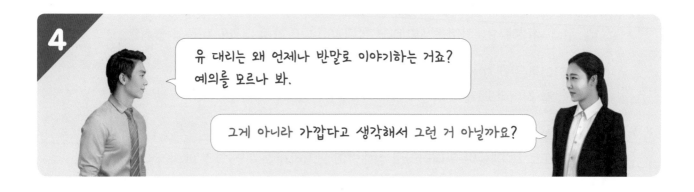

유 대리는 왜 언제나 반말로 이야기하는 거죠?
예의를 모르나 봐.

그게 아니라 가깝다고 생각해서 그런 거 아닐까요?

1 다음과 같이 이야기해 보십시오.

인사를 안 하다, 나를 무시하다

못 보다

가 저 사람은 왜 인사를 안 해요?
　 나를 무시하는 것 같아요.

나 그게 아니라 못 봐서 그런 거 아닐까요?

① 나한테 존댓말로 이야기하다, 나를 어려워하다

존중하다

② 나를 쳐다보지 않다, 나를 싫어하다

부끄럽다

③ 사적인 질문을 하다, 무례하다

친하다고 생각하다

④ 저런 행동을 하다, 예의가 없다

이곳 문화를 잘 모르다

2 다음과 같이 이야기해 보십시오.

가 혼자 살아서 그런지 걱정이 많아졌어요.

나 그럴 수도 있겠네요.

☐ 나이가 들다　　　✔ 혼자 살다　　　☐ 처음 하는 일이다

혼잣말이 늘었다　　　　　　작은 일에도 눈물이 나다

돈을 많이 쓰다　　　뒤돌아서면 잊어버리다　　　✔ 걱정이 많아지다

- '-아서/어서/여서 그런지'는 이유나 원인이 말하는 사람의 추측으로,
　보통 확신의 정도가 약할 때 사용한다.
　회의를 오래 해도 사람이 많아서 그런지 결론이 쉽게 안 나네요.

5 부장님은 너무 부장님의 생각을 강요하시는 것 같아요.

맞아요.
우리의 상황도 이해해 주시면 좋을 텐데요.

차이에 대한 태도 ▼ 🔍

차이를
받아들이는
정도

다름을 차이를 인정하다   다양성을 존중하다

상대방의 입장을 상황을 생각을 이해하다

그러려니 하다   그냥 넘어가다

자신의 생각을 다른 사람에게 강요하다   상대방을 설득하다

다른 사람을 비난하고 욕하다

1) 가 요즘 젊은 세대를 보면 이해가 안 되는 게 많아요.
    나 우리 세대와 가치관이 달라서 그런 것 같아요. 이해가 좀 안 되더라도 다름을 인정해야지요.

2) 가 영수 쟤는 자기가 잘못했으면서 우리한테 짜증을 내네.
    나 그러려니 하고 그냥 넘어가자. 원래 저렇잖아.

3) 가 이 댓글 좀 봐. 말실수 한 번 했다고 이렇게 욕을 먹네.
    나 들어 보니까 틀린 말도 아니던데 그렇게까지 비난할 필요가 있을까?

1 다음과 같이 이야기해 보십시오.

> | 국적이 다르다 | 가 두 사람이 좋은 관계를 유지하는 비결이 뭐예요? |
> | --- | --- |
> | | 나 국적이 다르지만 문화 차이를 인정하려고 노력하거든요. |

① 나이 차이가 많다   ② 상사와 부하 사이이다   ③ 실수를 할 때가 있다

2 다음과 같은 상황에서 여러분은 어떻게 하는지 이야기해 보십시오.

다른 사람의 무례한 행동을 봤을 때   윗사람과 생각이 다를 때

● 다음 문구를 들어 본 적이 있습니까? 아래 대화를 보고 어떤 상황에서 쓰는지 이야기해 봅시다.

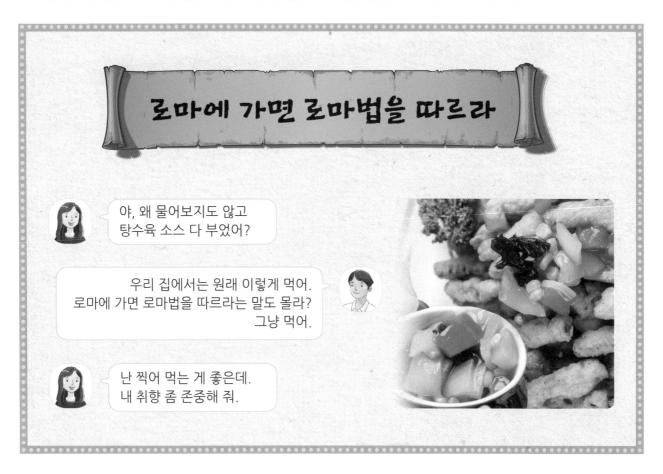

로마에 가면 로마법을 따르라

야, 왜 물어보지도 않고 탕수육 소스 다 부었어?

우리 집에서는 원래 이렇게 먹어.
로마에 가면 로마법을 따르라는 말도 몰라?
그냥 먹어.

난 찍어 먹는 게 좋은데.
내 취향 좀 존중해 줘.

한 번 더 연습해요

1 다음 대화를 들어 보십시오. 🎧052

1) 두 사람은 무엇에 대해 이야기합니까?

2) 이 행동에 대해서 두 사람은 어떻게 생각합니까?

2 다음 대화를 연습해 보십시오.

저 사람은 회사에 너무 편한 복장으로 오는 것 같아요.

옷이 편하면 일에 더 집중할 수 있어서
그런 거 아닐까요?

아무리 그렇더라도 반바지는 너무 심하다고 생각해요.
장소와 상황에 맞게 입는 게 예의잖아요.

그냥 개성이라고 생각하고 넘어가요.

3 여러분도 이야기해 보십시오.

1)

| 가 | 사적인 질문을 너무 많이 하다 |
| | 여자 친구가 있냐고 묻다 |

| 나 | 관심이 있어서 |

2)

| 가 | 아무한테나 반말로 이야기하다 |
| | 윗사람한테 반말을 하다 |

| 나 | 친하게 지내고 싶어서 |

이제 해 봐요

들어요

1 다음은 회식에 대한 대화입니다. 잘 듣고 질문에 답하십시오.

1) 회식에 대한 여자의 생각으로 알맞은 것을 고르십시오.

① '회식은 사람들과 소통할 수 있는 기회이다.'

② '회식은 개인의 생활과 업무에 방해가 된다.'

2) 들은 내용과 같은 것을 고르십시오.

① 여자는 남자의 말에 공감하고 있다.

② 여자의 회사는 새로운 회식 문화를 도입하고 있다.

③ 남자는 상사와 함께하는 회식은 참석하고 싶어 한다.

읽어요

1 다음 신문 기사를 읽고 질문에 답하십시오.

| KU신문 | 20××년 3월 16일 |

살아온 환경이 다른 두 세대는 선호하는 의사소통 방식에도 세대 차이가 드러난다. 한 조사 결과에 따르면 기성세대와 20~30대 모두 직접 만나서 이야기하는 것이 가장 좋다고 대답했지만 만나지 못할 경우의 소통 방식에 대해서는 다르게 생각하는 것으로 나타났다. 기성세대는 전화로 소통하는 것을 선호했지만 20~30대는 메시지를 보내는 것이 좋다고 대답했다. 메시지를 보낼 때도 기성세대는 맞춤법에 맞는 정확한 문장으로 쓰는 편이고 이것이 상대방에 대한 예의라고 대답했지만 20~30대는 너무 정확한 문장으로 쓰인 메시지를 보면 딱딱하고 거리감이 느껴진다고 했다.

한편 다른 사람과 의견이 다를 때 표현하는 방식에 대해서도 생각의 차이를 보였다. 기성세대는 상대방을 배려해서 직접적으로 표현하지 않고 돌려서 말하는 편이라고 답했지만 20~30대는 명확한 의견 전달에 도움이 되지 않아서 선호하지 않는다고 대답했다.

시대가 변하면서 사람들의 생각과 행동 방식이 달라지는 것은 당연한 일이다. 이러한 변화로 생긴 소통 방식의 차이가 세대 간의 소통을 방해하지 않도록 서로의 생각을 이해하고 공유하면서 변화에 맞추려는 노력이 필요하다.

1) 기사의 제목으로 알맞은 것을 고르십시오.

① **세대별 소통 방식, 어떻게 다를까?**

② **20~30대, 기성세대보다 국어 능력 낮아**

③ **젊은 세대와 기성세대, 더 많은 대화 필요해**

2) 글쓴이의 생각을 뒷받침하는 '사실' 부분을 찾아서 처음과 끝을 쓰십시오.

사실

---

1 생각의 차이에 대해 이야기하십시오.

말해요

1) 다음과 같은 상황에서 어떻게 합니까? 그렇게 하는 이유는 무엇입니까? 친구와 비교하십시오.

❶ 친구의 가족을 소개받았습니다. 어떻게 인사하겠습니까?

☐ 인사말을 하며 이름을 묻는다.

☐ 아무 말도 하지 않고 악수를 한다.

☐ '반갑습니다.'라고 말하고 악수한다.

☐ '안녕하세요.'라고 말하고 고개를 숙이며 인사한다.

❷ 학교 전공 수업에 30분 늦었습니다. 어떻게 하겠습니까?

☐ 밖에서 쉬는 시간이 되기를 기다린다.

☐ 최대한 조용히 들어가서 자리에 앉는다.

☐ 노크를 하고 선생님이 들어와도 된다고 할 때까지 기다린다.

☐ 교실에 들어가서 선생님께 죄송하다고 말한 후 자리에 앉는다.

❸ 회의 중에 윗사람이 설명하고 있는데 이해가 되지 않는 것이 있습니다. 어떻게 하겠습니까?

☐ 이해 못 한 표정을 짓는다.

☐ 질문 있냐고 물을 때를 기다렸다가 그때 물어본다.

☐ 이해가 되지 않는 부분이 나오면 바로 설명해 달라고 한다.

☐ 이해하는 척하고 있다가 회의가 끝나면 동료에게 조용히 물어본다.

❹ 지인의 집에 초대를 받으면 초대 시간보다 얼마나 일찍 도착합니까? 아니면 얼마나 늦게 도착합니까?

☐ 초대 시간보다 일찍

☐ 초대 시간에 딱 맞춰서

☐ 초대 시간보다 10분 정도 늦게

☐ 초대 시간보다 한 시간 정도 늦게

2 위의 내용에 대해서 한국인의 생각은 어떤지 물어보십시오.

1 생각의 차이에 대해 쓰십시오.

써요

1) 다음 상황에서 친구들의 행동과 생각이 어떻게 달랐는지 생각해 보십시오.

| 친구의 가족을 소개받았을 때 | 수업에 늦었을 때 |

| 회의 중에 이해되지 않는 것이 있을 때 | 지인의 집에 초대를 받았을 때 |

2) 위의 상황 중 하나를 선택해서 아래 내용에 대해 메모하십시오.

어떤 상황? _____

🌸 나는 어떻게 합니까?   🌸 친구는 어떻게 합니까?

🌸 왜 그렇게 합니까?   🌸 왜 그렇게 합니까?

3) 메모한 것을 바탕으로 쓰십시오.

문화 눈치

- '눈치'라는 말을 들어 본 적이 있습니까?

 눈치 다른 사람의 생각이나 기분을 그때그때의 상황으로 알아내는 것을 말한다.

- 다음은 눈치와 관련된 표현입니다. 그림을 보고 의미를 추측해서 이야기해 보십시오.

1)

눈치를 채다

2)

눈치가 빠르다
둘이 사귀는 거 어떻게 알았어?
두 사람 눈빛 보고 바로 알았지.

3)

오늘은 여기까지
눈치가 없다
선생님! 과제 제출은요?
야! 그걸 말하면 어떡해!

4)

눈치를 보다
벌써 9시네. 간다고 말해도 되나?

- 여러분 나라에도 이런 표현이 있습니까?

 자기 평가

이번 과 공부는 어땠어요? 별점을 매겨 보세요!

| 생각의 차이에 대해 이야기할 수 있습니까? | ☆ ☆ ☆ ☆ ☆ |

정답

1과 진로

들어요
1) ①
2) ③

읽어요
1) ②
2) ③

2과 소식과 정보

들어요
1) ③
2) ③

읽어요
1) ① ✗   ② ✗   ③ ᄋ

3과 제품의 문제

읽어요
1) ②
2) 특별한 이유 없이 마음이 바뀜

들어요
1) ④
2) ③

4과 엔터테인먼트

들어요
1) ③
2) ②

읽어요
1) ④
2) ②

5과 생각의 차이

들어요
1) ①
2) ②

읽어요
1) ①
2) 한 조사 결과에 따르면~선호하지 않는다고 대답했다

듣기 지문

1과 진로

🔊 **011** 생각해 봐요

정세진 두엔 씨, 미디어학과에 지원할 거예요?

두엔 네, 선생님. 제가 방송 관련된 일에 관심이 많아서요. 그쪽으로 공부해 보고 싶어요.

🔊 **012** 한 번 더 연습해요

바트 게임을 만들고 기획하는 일에 관심이 있는데 제가 잘 할 수 있을지 모르겠어요.

슬기 그 분야는 창의적인 기획력도 중요하지만 자신의 아이디어를 잘 표현할 수 있어야 하던데요.

바트 그렇다면 그런 자질도 키워야겠네요.

🔊 **013** 이제 해 봐요

여 작가님은 처음부터 이 일을 하고 싶어 하셨는지, 웹툰 작가가 된 특별한 계기가 있으신가요?

남 제가 웹툰 작가가 되기 전에 잡지사에서 근무를 했어요. 기자로요. 그때 시간이 있을 때마다 취미로 만화를 그리곤 했는데, 우연한 기회에 잡지에 제 만화를 싣게 되었고, 그게 또 좋은 반응을 얻게 되면서 아예 이쪽으로 들어선 거지요.

여 그럼 어려서부터 만화 그리는 일에 소질이 있으셨나 봐요.

남 그림 실력은 지금도 부족한 편이라 소질이 있었다고는 말씀 못 드리겠네요.

여 에이, 무슨 겸손의 말씀. 작가님 그림체를 좋아하는 분이 정말 많잖아요. 그리고 요즘에는 그림 실력은 조금 부족해도 창의력, 상상력이 뛰어나면 사랑을 많이 받는 것 같아요. 웹툰 작가에게 가장 중요한 자질이 있다면 무엇일까요?

남 말씀하신 것들이 다 중요한 자질이기는 하죠. 예술적 감각, 그림 실력, 창의력, 상상력 등이요. 근데 이 일을 계속하다 보니 가장 중요한 것은 한 주, 한 주 쉬지 않고 계속하는 끈기인 것 같아요.

여 끈기요?

남 네. 아시겠지만 웹툰은 일주일에 한두 편씩 꾸준히 연재를 해야 합니다. 처음에 좋아서 시작했던 일이 매주 마감으로 다가오면 너무 무거운 짐이 되는 거죠. 그때도 포기하지 않고 한 컷, 한 컷 계속 그려 나가는 힘이 필요해요. 잠도 못 자고 힘들게 작품을 올렸는데, 그걸 보고 독자들이 재미있었다고 댓글을 달 때가 있거든요. 그럼 다시 힘을 내는 거죠.

2과 소식과 정보

🔊 **021** 생각해 봐요

바트 지아 씨, 오늘 모임 있는 거 아니에요? 지금 사람이 한 명도 없어요.

지아 공지 못 받았어요? 모임 날짜 다음 주로 바꾼다고 했는데.

바트 진짜요? 저는 연락 못 받았는데.

🔊 **022** 한 번 더 연습해요

슬기 너 들었어? 효신이 유학 간대.

지아 진짜? 언제 간대?

슬기 이번 학기 마치고 간대. 여자 친구하고 같이 가냐고 물었는데 혼자 간대.

🔊 **023** 이제 해 봐요

남 수현아, 너 여기 있는 줄도 모르고 한참 찾아다녔네.

여 나? 왜 찾았는데?

남 스터디 같이 가려고. 스터디할 때 네 옆에 앉아야 내가 도움을 받지.

여　너 얘기 못 들었어? 오늘 스터디 취소됐잖아.

남　진짜? 못 들었는데. 왜 취소됐대?

여　영진 선배 가까운 분이 돌아가셔서 오늘 거기 문상 가야 한대. 그래서 스터디 안 하기로 했어.

남　그래? 가까운 분 누군데? 놀랐겠다.

여　몰라. 자세한 것은 얘기 안 해서. 근데 너는 왜 공지를 자꾸 놓쳐? 진짜 연락 안 왔어? 메시지 확인해 봐.

남　아, 지금 보니까 왔었네. 폰을 무음으로 해 놨더니 소식 온 것도 모르고 있었어.

여　무음으로 해 놔도 자주 확인을 해야지. 중요한 정보를 놓칠 수도 있잖아.

남　그래야겠네. 근데 그럼 다음 스터디는 언제 한대?

여　그것도 안내 문자에 있거든. 다들 모일 수 있는 시간 다시 확인하고 결정한다고 쓰여 있잖아.

남　그랬어? 네가 옆에서 이렇게 하나하나 잘 전달해 주니까 내가 확인을 안 하는 거야.

여　으이구, 핑계도 좋다. 너 나 없으면 어떻게 살려고 그래?

3 과　제품의 문제

(031) 생각해 봐요

나쓰미　이 가방 여기서 산 건데요. 집에 가서 보니까 뭐가 묻어 있더라고요.

점원　아, 그러세요? 한번 보여 주시겠습니까?

(032) 한 번 더 연습해요

다니엘　이 청바지요. 여기서 산 건데 교환되나요?

점원　제품에 무슨 문제가 있어요?

다니엘　집에 가서 입어 봤더니 사이즈가 안 맞아서요. 바꿔 주실 수 있죠?

점원　네, 확인 후에 바꿔 드릴게요. 영수증 좀 보여 주시겠어요?

(033) 이제 해 봐요

남　어서 오세요.

여　저, 이 구두 며칠 전에 여기서 산 건데, 발이 좀 불편해서 가져왔어요.

남　그러세요? 어디가 불편하셨어요?

여　여기 앞부분이요. 몇 시간 안 신었는데 발가락 쪽이 아파서 못 걷겠더라고요.

남　아, 그러셨어요? 이 구두가 앞쪽이 이렇게 좁은 디자인이라서 평소 사이즈로 신으시면 불편하실 수도 있어요. 그래서 보통 조금 큰 걸로 권해 드리는데.

여　살 때 듣기는 했는데, 처음엔 잘 맞고 괜찮았거든요. 아파서 계속 신고 다니기는 힘들 것 같은데 교환 안 될까요?

남　죄송하지만 이미 밖에서 신으셨기 때문에 그건 좀 어렵고요. 대신 저희가 신발을 조금 늘려 드릴 수는 있는데. 그렇게 하면 지금보다 편하실 거예요.

여　그럴 수 있어요? 그럼 그렇게 해 주세요. 하는 데 오래 걸리나요?

남　한 일주일 정도면 됩니다. 여기 수선 요청서 작성하시고 구두 맡기시면 수선 끝나는 대로 연락드리겠습니다.

여　수선비는 많이 드나요?

남　아니요, 저희 회사 제품이라서 무료로 해 드립니다.

여　그래요? 다행이다. 여기에 이름하고 전화번호 쓰면 돼요?

4 과　엔터테인먼트

(041) 생각해 봐요

리포터　위로가 필요한 청춘들을 위한 영화, '유자차'의 두 배우를 모셨습니다. 먼저 극 중 맡은 역할을 소개해 주시죠.

배우　안녕하세요? 저는 '유자차'에서 윤하 역을 맡은 이태리입니다.

(042) 한 번 더 연습해요

바트　요즘 인기 있는 프로그램이 뭐예요?

하준　'퀴즈휴먼'이라는 예능 프로그램이에요.

바트　무슨 내용이에요?

하준　매주 어떤 분야의 유명한 사람을 만나서 인터뷰도 하고 퀴즈도 푸는 프로그램이에요. 방송이 끝나면 출연한 사람이 검색어 1등을 할 정도로 인기가 많아요.

043 이제 해 봐요

남 아시아의 별 가수 레아 씨가 데뷔 20주년을 맞았습니다. 오늘은 기념 앨범으로 돌아온 가수 레아 씨를 모셨습니다. 어서 오세요.

여 안녕하세요?

남 데뷔 당시 나이가 열네 살이셨죠? 그래서 그런지 아직 30대 초반이신데 벌써 데뷔 20주년을 맞았네요.

여 네, 제가 데뷔를 워낙 일찍 해서요. 저도 20주년이라는 게 사실 어색해요.

남 데뷔 첫해에 그해의 인기 앨범상도 받으시고 큰 사랑을 받으셨는데 바로 해외로도 진출하셨잖아요. 해외 활동이 어렵진 않았나요?

여 어린 나이여서 적응은 좀 빨랐던 것 같고요. 부모님을 떠나 혼자 외국 생활을 해야 했던 거? 그런 부분이 조금은 어려웠던 것 같아요.

남 중학생 때 데뷔를 하시고 해외 생활도 하셔서 평범한 일상에 대한 아쉬움이 있을 것 같은데요.

여 저도 평범한 학창 시절을 보냈다면 어땠을까?라는 생각을 하기는 하는데요. 내가 좋아하는 일을 하면서 많은 분들에게 사랑을 받을 수 있는 직업이 많지는 않잖아요. 그런데 저는 이렇게 20년 가까이 사랑받았다는 게 굉장히 축복받은 인생이구나 생각하면서 감사한 마음으로 살고 있습니다.

남 조금 전에 들은 노래가 이번에 낸 20주년 기념 앨범 수록곡이죠? 앨범 소개 좀 해 주시겠어요?

여 저의 열 번째 정규 앨범 '홈'입니다. 열한 곡이 수록돼 있는데 그중에 자작곡 세 곡 그리고 작사에 참여한 곡 한 곡이 포함됐습니다. 20년 동안 저와 함께해 준 저의 팬클럽 '별바라기'들을 생각하며 만든 앨범이에요. 따뜻한 집처럼 팬들께 위안이 되는 앨범이었으면 합니다.

* SBS 나이트라인 초대석
'빛나는 아시아의 별 보아' 편 참고

5과   생각의 차이

051 생각해 봐요

줄리 네, 선생님도 잘 가요!

하준 너 지금 선생님한테 그렇게 인사한 거야?

줄리 응. 왜, 안 돼? 나 저 선생님하고 진짜 친해.

하준 아무리 그래도 선생님한테 그렇게 인사하면 안 되지.

052 한 번 더 연습해요

회사 동료 저 사람은 회사에 너무 편한 복장으로 오는 것 같아요.

다니엘 옷이 편하면 일에 더 집중할 수 있어서 그런 거 아닐까요?

회사 동료 아무리 그렇더라도 반바지는 너무 심하다고 생각해요. 장소와 상황에 맞게 입는 게 예의잖아요.

다니엘 그냥 개성이라고 생각하고 넘어가요.

053 이제 해 봐요

남 우리 다음 주 금요일에 보기로 했잖아. 혹시 다른 날로 옮겨도 돼?

여 응, 괜찮아. 근데 왜, 무슨 일 있어?

남 그날 회사 회식이 잡혀서. 미안.

여 뭘, 우린 다음에 보면 되지. 그런데 너네 회사는 회식 진짜 자주 한다. 지난주에도 회식했다고 하지 않았어?

남 어. 도대체 회식을 왜 이렇게 자주 하는지 이해를 못하겠어.

여 나는 회식 좋은데. 편하게 업무 얘기도 하고, 맛있는 것도 먹고.

남 업무 얘기는 업무 시간에 하면 되지, 왜 퇴근하고 나서까지 회사 사람들하고 같이 시간을 보내야 하냐고. 게다가 늦게까지 술 마시고 그러다 보면 다음 날 제대로 일도 못할 정도야.

여 요즘은 그렇게 술 마시는 회식 대신 같이 공연도 보고 취미 생활도 하는 그런 회식도 많이 하잖아. 우리 회사도 조금씩 그렇게 바뀌고 있는데.

남 뭐? 공연 보고 취미 생활하는 것까지 회사 동료하고 같이 한다고? 나는 정말 이해가 안 간다.

여 일할 때는 일에 집중하다 보니까 서로에 대해 잘 모

듣기 지문

르는 부분이 많잖아. 이런 시간을 통해 서로 친해지게 되면 일할 때도 도움이 되던데. 특히 평소에 좀 어려웠던 선배나 상사들하고 편하게 생각을 나눌 수도 있고.

남 선배나 상사하고 같이 있으면 그건 정말 일의 연장이잖아. 그런 자리는 전혀 편하지 않다고.

발음

1과 유음화

(014) 가 이제 졸업 일 년 남았지?
나 네. 그런데 아직 진로를 못 정해서 고민이에요.

(015) 1) 가 민수는 왜 이렇게 연락을 안 해?
나 걔 원래 그렇잖아.

2) 가 뭐 먹을까?
나 더우니까 물냉면 먹자.

3) 이번 방학에는 무역 관련 자격증을 따려고 한다.

4) 10월 9일은 한글날이다.

2과 현실 발음 ①

(024) 1) 가 야, 너 전화 온다. 전화 받아.
나 뭐라고?
가 전화 왔다고.

2) 가 모임 날짜 10일로 바뀌었대.
나 그래? 알겠어.

(025) 1) 가 요즘 공지가 왜 이렇게 많아?
나 개강한 지 얼마 안 됐잖아.

2) 가 학교 앞에 갈 만한 식당 있어?
나 안암 식당에 가 봐. 맛도 괜찮고 가격도 싼 편이야.

3) 가 나 얼마 전부터 연우랑 사귀어.
나 축하해. 아, 나도 연애하고 싶다.

4) 가 나 뭐 달라진 거 없어?
나 글쎄…. 아, 머리 모양이 바뀌었구나. 잘 어울린다.

3과 현실 발음 ②

(034) 가 이거 좀 교환하려고요.
나 네, 이쪽으로 주시겠어요?

(035) 1) 가 준호가 입원했다고?
나 응. 그래서 이따가 병문안 가려고. 같이 갈래?

2) 가 나 졸업, 한 학기 더 미루려고.
나 그래? 졸업 전에 하고 싶은 거라도 있어?

3) 가 이번 학기에 그 강의 안 들어?
나 응. 다음에 들으려고.

4) 가 뭘 이렇게 많이 샀어요?
나 사람들하고 같이 나눠 먹으려고요.

어휘 찾아보기 (단원별)

1과

진로

방송계, 연예계, 문화계, 예술계, 교육계, 법조계, 의료계, 공직, 연출가(PD), 기자, 아나운서, 연예인, 코미디언, 개그맨, 모델, 소설가, 웹툰 작가, 공연 기획자, 디자이너, 성악가, 작곡가, 안무가, 교사, 강사, 교수, 변호사, 검사, 판사, 의사, 한의사, 수의사, 간호사, 공무원, 경찰, 소방관, 정치인, 사업가, 개발자, 기술자(엔지니어), 건축가, 나가다, 진출하다, 계통

능력과 자질

자질, 창의력이 뛰어나다, 상상력이 뛰어나다, 언어 구사력이 뛰어나다, 전달력이 뛰어나다, 상황 판단력이 뛰어나다, 공감 능력이 뛰어나다, 사람을 이끄는 통솔력이 있다, 사람을 이끄는 리더십이 있다, 기계나 도구를 잘 다루다, 예술 감각이 있다, 미적 감각이 있다, 음악적 감각이 있다, 신체적인 조건이 좋다, 관련 분야에 대한 지식을 쌓다, 다양한 경험을 쌓다, 여러 가지 것들을 시도하다

수면 자세와 성향

똑바로 눕다, 엎드리다, 몸을 웅크리다, 팔을 위로 올리다, 옆으로 눕다, 팔을 앞으로 뻗다, 일자로, 결단력이 있다, 인내심이 많다, 주관이 뚜렷하다, 고집이 세다, 외향적이다, 열정이 넘치다, 참을성이 부족하다, 감수성이 뛰어나다, 내성적이다, 감정적으로 상처를 잘 받다, 자유분방하다, 낙천적이다, 끈기가 부족하다, 싫증을 잘 내다, 신중하다, 의심이 많다, 냉소적이다, 느긋하다, 다정다감하다, 사교적이다, 덤벙거리다, 실수가 잦다, 무뚝뚝하다, 솔직하다, 독립적이다, 털털하다, 까다롭다, 대범하다, 소심하다, 우유부단하다

새 단어

학창 시절, 열정, 전공, 분야, 연구하다, 각오, 적성 검사, 전문적이다, 진학하다, 수정되다, 개정판, 재능, 효과, 이수하다, 인재, 뽑다, 갖추다, 자세, 태도, 진정으로, 끈기, 트렌드, 파악하다, 대중 매체

2과

개인적 소식

오디션을 보다, 데뷔하다, 출국하다, 귀국하다, 활동을 쉬다, 컴백하다, 상을 받다, 수상하다, 독립하다, 회사를 차리다, 은퇴하다, 대학교에 들어가다, 휴학하다, 대학원에 진학하다, 군대에 가다, 입대하다, 휴가를 나오다, 전역하다, 제대하다, 회사에 들어가다, 승진하다, 회사를 옮기다, 회사를 그만두다, 유학을 가다, 이민을 가다, 병에 걸리다, 입원하다, 수술하다, 퇴원하다, 결혼하다, 아이를 가지다, 임신하다, 아이를 낳다, 출산하다, 이혼하다, 재혼하다

공지

공지하다, 알리다, 전하다, 안내하다, 수강, 개강, 종강, 학기, 과목, 중간시험, 기말시험, 과제, 기간, 일정, 대상, 자격, 비용, 방법, 절차, 목록, 명단, 주의 사항, 비고, 기타, 모집, 신청, 접수, 등록, 연기, 연장, 변경, 취소

마음을 전하는 방법

안부를 묻다, 안부를 전하다, 축하하다, 선물하다, 축하 자리를 마련하다, 축의금을 내다, 위로하다, 병문안을 가다, 문상을 가다, 조문을 가다, 조의금을 내다

새 단어

선착순, 마감, 특강, 팀원, 전달하다, 반영되다, 과장, 갖다주다, 업데이트, 심각하다, 업무, 복사, 맡다, 장마철

3 과

• 상품의 구입 과정

구입하다, 구매하다, 주문하다, 물건이 오다, 택배가 오다, 배송되다, 포장을 뜯다, 제품을 개봉하다, 박스를 열다, 제품에 이상이 있다, 제품에 문제가 있다, 반품하다, 교환하다, 환불하다, 취소하다

• 교환·환불 이유

상품이 잘못 오다, 제품의 일부가 없다, 사은품이 안 오다, 제품이 불량이다, 품질이 떨어지다, 파손되다, 색상이 화면과 다르다, 사용한 흔적이 있다, 배송이 너무 늦다, 상하다, 신선하지 않다, 유통 기한이 지나다, 뭐가 들어 있다, 냄새가 나다, 사이즈가 안 맞다, 구멍이 나다, 뭐가 묻어 있다, 작동이 (잘) 안 되다, 소음이 심하다, 진동이 심하다

• 전자 기기 및 의류 부속품

연결선(케이블), 코드, 콘센트, 멀티탭, 단추, 끈, 주머니, 지퍼

• 새 단어

신발장, 고객 센터, 품절, 화면, 뒤지다, 웬일, 샐러드, 질리다, 입금, 수리, 수선, 설명서, 예상하다, 소비자, 반응

4 과

• 엔터테인먼트 종류

드라마, 예능, 시사, 교양, 뉴스, 스포츠, 라디오, 퀴즈 쇼, 음악 방송, 다큐멘터리, 관찰 예능, 생방송(생방), 녹화 방송(녹방), 본방송(본방), 재방송(재방), 프로그램이 방송되다, 드라마를 연출하다, 배우가 나오다, 유명인이 출연하다, 방송국, 연출가, 진행자, 출연자, 댄스, 발라드, 힙합, 트로트, 앨범이 나오다, 싱글 음반이 발매되다, 음원이 공개되다, 작곡가, 작사가, 편곡자, 멜로, 로맨스, 액션, 코미디, 공포, 애니메이션, 영화를 제작하다, 영화가 개봉되다, 영화가 상영되다, 영화를 찍다, 영화를 촬영하다, 연기하다, 악역을 맡다, 제작사, 감독, 주연(주인공), 조연

• 인기와 흥행

인기를 얻다, 주목을 끌다, 화제를 모으다, 수익을 올리다, 흥행에 성공하다, 최고 시청률을 기록하다, 차트에서 1위를 하다, 천만 관객을 동원하다, 화제성 1위를 차지하다, 차트를 휩쓸다, 조회 수 1억 뷰를 돌파하다

• 상황의 정도 표현

땀이 줄줄 흐를 정도로, 손발이 꽁꽁 얼 정도로, 둘이 사귀냐는 소리를 들을 정도로, 얼굴도 보기 싫을 정도로, 말로 표현할 수 없을 정도로, 숨이 막힐 정도로, 소름이 돋을 정도로

• 새 단어

부담, 신곡, 무명, 장르, 역할, 전곡, 타이틀곡, 범인, 정신병원, 환자, 홍보, 입소문이 나다, 한때, 대세, 당분간, 단역, 운이 좋다, 매진, 잠자리, 예민하다, 싹쓸이하다, 뮤직비디오, 영화제, 시즌, 눈뜨다, 주제곡, 반전, 결말, 숨기다, 폭발적이다, 팬 미팅, 몰려들다, 취재진, 현지, 마비되다, 차원이 다르다, 한산하다, 청취율

5 과

• 사람을 대하는 방식

고개를 숙이다, 손을 흔들다, 악수하다, 껴안다, 포옹하다, 윗사람을 직함으로 부르다, 윗사람을 이름으로 부르다, 존댓말을 하다, 반말을 하다, 말을 놓다, 사적인 질문을 하다

• 예의

예의이다, 예의를 지키다, 예의가 바르다, 예의가 아니다, 실례이다, 예의가 없다, 무례하다, 버릇이 없다, 존중하다, 배려하다, 무시하다

• 차이에 대한 태도

다름을 인정하다, 차이를 인정하다, 다양성을 존중하다, 상대방의 입장을 이해하다, 상대방의 상황을 이해하다, 상대방의 생각을 이해하다, 그러려니 하다, 그냥 넘어가

다, 자신의 생각을 다른 사람에게 강요하다, 상대방을 설득하다, 다른 사람을 비난하고 욕하다

• 문화 차이에 대한 격언

로마에 가면 로마법을 따르라

• 새 단어

청하다, 익명, 어차피, 화가 풀리다, 의도, 불쾌하다, 혼잣말, 뒤돌아서다, 가치관, 말실수, 욕을 먹다, 탕수육, 소스, 붓다, 개성

어휘 찾아보기 (가나다순)

어휘 찾아보기 (가나다순)

문법 찾아보기

1과

의문사 -는지/(으)ㄴ지/(으)ㄹ지

- 의문을 가진 사실이나 상태를 가리킨다. 뒤에는 '알다', '생각하다', '묻다', '말하다' 등의 동사가 주로 오며, 이때의 '의문사 -는지/(으)ㄴ지/(으)ㄹ지'는 뒤에 오는 생각, 이야기 등의 대상이 된다.

  가 너는 전공을 어떻게 결정했어?

  나 나는 내가 무엇을 할 때 즐거운지 무엇에 흥미를 느끼는지 많이 생각해 봤어.

  가 이 문제 어떻게 풀어야 되는지 선생님께 물어볼까요?

  나 좋아요. 저도 아까부터 뭐가 답인지 정말 궁금했거든요.

- 현재는 다음과 같이 활용한다.

동사	받침 ○	-는지	맞다 → 맞는지
	받침 ✕ ㄹ받침		보이다 → 보이는지 늘다 → 느는지
형용사	받침 ○	-은지	높다 → 높은지
	받침 ✕ ㄹ받침	-ㄴ지	중요하다 → 중요한지 힘들다 → 힘든지
명사	받침 ○	인지	공무원 → 공무원인지
	받침 ✕		

- 과거는 동사나 형용사 뒤에는 '-았는지/었는지/였는지'를 붙이고, 명사 뒤에는 '이었는지/였는지'를 붙인다.

- 예정이나 계획, 추측의 경우에는 동사나 형용사 뒤에는 '-(으)ㄹ지'를 붙이고, 명사 뒤에는 '일지'를 붙인다.

-던데

- 과거의 어느 때에 직접 보거나 듣거나 느낀 것이 뒤에 오는 내용의 배경이나 상황이 됨을 나타낸다.

  가 전공과 다른 일을 하는 사람들도 많던데 그런 사람들에게 조언을 구하면 어때요?

  나 그것도 좋은 방법이겠네요.

- 과거의 어느 때에 직접 보거나 듣거나 느낀 것과는 대립되는 다른 내용이 뒤에 옴을 나타낸다.

  가 나는 이거 진짜 맛없던데 다른 사람들은 다들 좋아하더라.

  나 너는 이게 정말 맛없었어?

-던데(요)

- 과거의 어느 때에 직접 보거나 듣거나 느낀 것이 자신의 의견을 뒷받침하기 위한 근거일 때 사용한다.

  가 다양한 아르바이트를 해 보는 게 진로 결정에 도움이 될까요?

  나 사람마다 다르겠지만 제 경우에는 도움이 많이 되던데요.

  가 지난번에 네가 추천해 준 영화, 사람들 평가는 좀 별로더라.

  나 그래? 나는 소재가 새로워서 정말 좋던데.

동사 **형용사**	받침 ○	-던데(요)	좋다 → 좋던데(요)
	받침 ✕ ㄹ받침		다양하다 → 다양하던데(요) 들다 → 들던데(요)
명사	받침 ○	이던데(요)	보통 → 보통이던데(요)
	받침 ✕	던데(요)	별로 → 별로던데(요)

-는다면/ㄴ다면/다면 ▼ 🔍

● 어떤 사실이나 상태를 가정한 것이 뒤의 내용의 조건임을 나타낸다.

가 이 길이 나에게 맞는 길인지 꿈을 이룰 수 있을지 확신이 없어요.

나 자신의 선택을 믿고 노력한다면 분명히 목표를 이룰 수 있을 거예요.

가 나한테 노란색이 잘 어울릴까, 빨간색이 잘 어울릴까?

나 내가 너라면 노란색을 살 것 같아.

	받침 ○	-는다면	잡다 → 잡는다면
동사	받침 × ㄹ받침	-ㄴ다면	원하다 → 원한다면 만들다 → 만든다면
형용사	받침 ○	-다면	새롭다 → 새롭다면
	받침 × ㄹ받침		크다 → 크다면 힘들다 → 힘들다면
명사	받침 ○	이라면	방학 → 방학이라면
	받침 ×	라면	휴가 → 휴가라면

● '-(으)면'은 단순한 조건을 나타내지만 '-는다면/ㄴ다면/다면'은 주로 일어날 가능성이 적거나 사실이 아닌 것을 가정하여 조건으로 할 때 사용한다.

내일 눈이 오면 가지 말자.

내일 눈이 온다면 내가 너한테 100만 원 줄게.

을/를 위하다

● '을/를 위하다'는 목적이나 이로움이 됨을 나타낸다. '명사+을/를 위한 명사', '명사+을/를 위해서 동사·형용사'의 형태로 쓴다.

성공을 위한 준비, 성공을 위해서 준비했어요.

나를 위한 선물, 나를 위해서 선물했어요.

-나요?

● '-나요/(으)ㄴ가요?'는 주로 구어에서 조심스럽게 물을 때나 친절하게 물을 때 사용한다.

지금 집에 가도 되나요?

-다(가) 보면

● '-다(가) 보면'은 앞의 행동의 결과로 뒤의 사실이나 상태가 될 것임을 나타낸다.

자주 만나다 보면 너도 그 사람의 장점을 알게 될 거야.

2과

간접 화법 [-는다고 하다, -냐고 하다] ▼ 🔍

● 들은 내용을 전달하거나 물을 때 또는 자신이 말한 내용을 다시 말할 때 사용한다.

● '-는다고 하다'는 평서문의 간접 화법이고 '-냐고 하다'는 의문문의 간접 화법이다.

가 민수가 은지랑 결혼한다고 해요.

나 그래요? 언제 한다고 해요?

가 정확한 날짜는 아직 안 정했다고 해요.

가 은지가 너 언제쯤 만날 수 있냐고 물어봤어.

나 급한 일 끝나면 연락할 거라고 말했지?

● 평서문의 간접 화법은 현재 시제일 때 다음과 같이 활용한다. 들은 내용을 전달하거나 묻는 '-는다고 하다'는 '-대요'로 줄여서 말하기도 한다.

	받침 ○	-는다고 하다	먹다 → 먹는다고 하다
동사	받침 × ㄹ받침	-ㄴ다고 하다	가다 → 간다고 하다 만들다 → 만든다고 하다
형용사	받침 ○		많다 → 많다고 하다
	받침 × ㄹ받침	-다고 하다	크다 → 크다고 하다 길다 → 길다고 하다
명사	받침 ○	이라고 하다	학생 → 학생이라고 하다
	받침 ×	라고 하다	가수 → 가수라고 하다

- 의문문의 간접 화법은 현재 시제일 때 동사 뒤에는 '-느냐고 하다'를, 형용사 뒤에는 '-(으)냐고 하다'를 붙여야 한다. 그렇지만 구어에서는 모든 동사와 형용사 뒤에 '-냐고 하다'를 붙여 활용한다. 들은 내용을 전달하거나 묻는 '-냐고 하다'는 '-내요'로 줄여서 말하기도 한다.

동사 형용사	받침 ○	-냐고 하다	듣다 → 듣냐고 하다
	받침 × ㄹ받침		쉬다 → 쉬냐고 하다 놀다 → 노냐고 하다
명사	받침 ○	이냐고 하다	취업 준비생 →취업 준비생이냐고 하다
	받침 ×	냐고 하다	연출가 → 연출가냐고 하다

- 평서문의 간접 화법은 과거 시제일 때 다음과 같이 활용한다. '-았대요/었대요/였대요'로 줄여서 말하기도 한다.

동사 형용사	ㅏ, ㅗ ○	-았다고 하다	놀다 → 놀았다고 하다
	ㅏ, ㅗ ×	-었다고 하다	크다 → 컸다고 하다
	하다	-였다고 하다	따뜻하다 → 따뜻했다고 하다
명사	받침 ○	이었다고 하다	학생 → 학생이었다고 하다
	받침 ×	였다고 하다	가수 → 가수였다고 하다

- 의문문의 간접 화법은 과거 시제일 때 다음과 같이 활용한다. '-았내요/었내요/였내요'로 줄여서 말하기도 한다.

동사 형용사	ㅏ, ㅗ ○	-았냐고 하다	놀다 → 놀았냐고 하다
	ㅏ, ㅗ ×	-었냐고 하다	크다 → 컸냐고 하다
	하다	-였냐고 하다	따뜻하다 → 따뜻했냐고 하다

| 명사 | 받침 ○ | 이었냐고 하다 | 학생이다
→ 학생이었냐고 하다 |
| | 받침 × | 였냐고 하다 | 가수이다
→ 가수였냐고 하다 |

- 평서문의 간접 화법은 예정이나 계획, 추측일 때 품사에 따라 '-(으)ㄹ 거라고 하다'나 '일 거라고 하다'를 붙인다. '-(으)ㄹ 거래요', '일 거래요'로 줄여서 말하기도 한다.

- 의문문의 간접 화법은 예정이나 계획, 추측일 때 품사에 따라 '-(으)ㄹ 거냐고 하다'나 '일 거냐고 하다'를 붙인다. '-(으)ㄹ 거내요', '일 거내요'로 줄여서 말하기도 한다.

| 간접 화법 [-자고 하다, -(으)라고 하다] ▼ 🔍 |

- 들은 내용을 전달하거나 물을 때 또는 자신이 말한 내용을 다시 말할 때 사용한다.

- '-자고 하다'는 청유문의 간접 화법이다. 들은 내용을 전달하거나 묻는 '-자고 하다'는 '-재요'로 줄여서 말하기도 한다.

  가 민수랑 은지가 결혼식 하기 전에 한번 모이자고 해.
  나 언제쯤 모이자고 해?

| 동사 | 받침 ○ | -자고 하다 | 먹다 → 먹자고 하다 |
| | 받침 ×
ㄹ받침 | | 만나다 → 만나자고 하다
놀다 → 놀자고 하다 |

- '-(으)라고 하다'는 명령문의 간접 화법이다. 들은 내용을 전달하거나 묻는 '-(으)라고 하다'는 '-(으)래요'로 줄여서 말하기도 한다.

  가 선생님께서 오늘은 바쁘시다고 오후에 전화하라고 하셨어요.
  나 저에게 직접 전화하라고 하신 거예요?

| 동사 | 받침 ○ | -으라고 하다 | 읽다
→ 읽으라고 하다 |
| | 받침 ×
ㄹ받침 | -라고 하다 | 가다 → 가라고 하다
들다 → 들라고 하다 |

간접 화법 [-아/어/여 달라고 하다, -아/어/여 주라고 하다] ▼ 🔍

- 들은 요청이나 부탁을 전달하거나 물을 때 또는 자신이 말한 요청이나 부탁을 다시 말할 때 사용한다.

- '-아/어/여 달라고 하다'는 요청이나 부탁의 내용을 받는 사람이 '말하는 사람'일 때 사용하고 '-아/어/여 주라고 하다'는 내용을 받는 사람이 '다른 사람'일 때 사용한다.

  형, 엄마가 선풍기 좀 갖다 달래. 엄마 방 많이 덥다고.

  형, 엄마가 이 선풍기 형한테 갖다주래. 형 방 많이 더운 것 같다고.

-(으)ㄹ 테니까 ▼ 🔍

- 말하는 사람의 계획이나 의지를 나타내거나 추측한 근거임을 나타낸다.

  가 월말이라서 정신없이 바쁘네요.
  나 오늘 회의 준비는 제가 할 테니까 대리님은 급한 일부터 하세요.

  가 결혼 선물로 뭐가 좋을까?
  나 정성이 담긴 물건을 좋아할 테니까 작은 가구 같은 걸 만들어 주면 어떨까?

동사 형용사	받침 ○	-을 테니까	맞다 → 맞을 테니까
	받침 × ㄹ받침	-ㄹ 테니까	중요하다 → 중요할 테니까 벌다 → 벌 테니까
명사	받침 ○	일 테니까	보통 → 보통일 테니까
	받침 ×		별로 → 별로일 테니까

-(으)ㄹ 텐데 ▼ 🔍

- 말하는 사람이 추측한 상황임을 나타낸다.

  가 여기까지 오느라고 고생했을 텐데 얼른 들어가서 쉬세요.
  나 오랜만에 만났는데 그냥 잘 수는 없지요.

  가 이번 달까지는 끝내야 할 텐데 걱정이에요.
  나 같이 도와서 하면 끝낼 수 있을 거예요.

동사 형용사	받침 ○	-을 텐데	닫다 → 닫을 텐데
	받침 × ㄹ받침	-ㄹ 텐데	다양하다 → 다양할 텐데 힘들다 → 힘들 텐데
명사	받침 ○	일 텐데	보통 → 보통일 텐데
	받침 ×		별로 → 별로일 텐데

-나?

- '-나/(으)ㄴ가?'는 혼잣말로 막연한 의문이나 추측을 나타낸다.

  고장 났나? 안 켜지네.

(이)라도

- '(이)라도'는 가장 만족한 것은 아니지만 그런대로 괜찮음을 나타낸다.

  배고프니까 물이라도 마셔야겠네요.

자기

- 앞에서 말했거나 앞에 나온 사람을 다시 가리킬 때는 '자기'를 쓰기도 한다. 윗사람을 지칭할 때는 사용하지 않는 것이 좋다.

  가 여기는 청소 안 해?
  나 응. 룸메이트 책상인데 자기가 한다고 했어.

  민수는 뭐든지 자기 마음대로만 하려고 한다.

3 과

-았더니/었더니/였더니 ▼ 🔍

- 앞의 행동을 통해 뒤의 사실이나 상태를 발견하거나 깨달았음을 나타낸다.

가 답답하게 왜 이렇게 창문을 다 닫고 있어요?
나 아까 창문을 열었더니 먼지가 너무 많이 들어오더라
　고요.

-았더니/었더니/였더니

● 앞의 행동이 원인이 되어 뒤의 사실이나 상태가 되었
음을 나타낸다.

가 어디 아파요? 왜 그렇게 걸어요?
나 모처럼 운동을 했더니 허리가 좀 아파서요.

-는 대로

● '어떤 행동이나 상태가 되는 즉시'의 의미를 나타낸다.

가 프린터가 왜 이렇게 느리지요? 발표 시간에 늦을까
　봐 걱정이네요.
나 출력이 되는 대로 제가 가지고 갈 테니까 과장님 먼
　저 발표장으로 가시는 게 좋겠어요.

가 민수야, 나 숙제 좀 보여 줄 수 있어?
나 그럼, 당연하지. 집에 도착하는 대로 이메일로 보내
　줄게.

-는/(으)ㄴ 대로

● '앞의 모양이나 상태와 같이'의 의미를 나타낸다.

가 사고를 직접 보셨지요? 본 대로 말씀 좀 해 주시겠
　습니까?
나 제가 1층 출입문을 열었을 때 범인으로 보이는 사람
　이 밖으로 뛰어나갔어요.

가 쓰기 숙제 내일까지네. 난 특별한 경험도 없어서 정
　말 뭘 써야 할지 모르겠어.
나 너무 부담스럽게 생각하지 말고 생각나는 대로 그냥
　써 봐.

동사	현재	받침 ○	-는 대로	입다 → 입는 대로
		받침 × ㄹ받침		원하다 → 원하는 대로 벌다 → 버는 대로
	과거	받침 ○	-은 대로	듣다 → 들은 대로
		받침 × ㄹ받침	-ㄴ 대로	배우다 → 배운 대로 줄다 → 준 대로

-는다/ㄴ다/다

● 구어에서 어떤 사건이나 상태를 서술할 때 사용한다.
대화 상황에 따라 감탄이나 자랑을 나타내기도 한다.
윗사람에게 말할 때나 격식적인 상황에서는 사용하지
않는다.

가 와, 진짜 비싸다. 무슨 책이 십만 원이나 해?
나 안에 봐 봐. 사진이 정말 많아.

가 이것 봐라. 나 제이 콘서트 티켓 예매했다.
나 진짜? 정말 좋겠다. 그거 3분 만에 매진됐다고 하던
　데.

동사	받침 ○	-는다	받다 → 받는다
	받침 × ㄹ받침	-ㄴ다	보이다 → 보인다 벌다 → 번다
형용사	받침 ○	-다	높다 → 높다
	받침 × ㄹ받침		다양하다 → 다양하다 길다 → 길다
명사	받침 ○	이다	합격 → 합격이다
	받침 ×	다	에이플러스 → 에이플러스다

-는다고(요)?

● '-는다고(요)/ㄴ다고(요)/다고(요)?'는 들은 내용을 확
인하기 위해서 물을 때 또는 다른 사람의 말에 놀람을
나타낼 때 사용한다.

거기를 또 간다고?

-아 놓다

- '-아/어/여 놓다'는 어떤 행동의 결과를 유지함을 나타낸다. 대부분의 경우 '-아/어/여 두다'와 바꿔 쓸 수 있다.

  무서워서 불을 켜 놓았어요.

  공연장에서는 전화기를 꺼 두세요.

4과

-는다면서(요)/ㄴ다면서(요)/다면서(요)?

- 들은 내용을 확인하기 위해서 물을 때 사용한다. 상대방의 계획이나 결심을 확인할 때 사용하기도 한다.

  가 이번에 처음으로 영화를 찍으셨다면서요?

  나 네. 지금까지는 주로 드라마에만 출연했는데요. 좋은 배역이 들어와서 촬영하게 됐습니다.

  가 앞으로는 게임 안 한다면서? 어떻게 결심이 하루도 안 가니?

  나 오늘까지만 하고 내일부터는 정말 안 할 거야.

동사	받침 ○	-는다면서(요)	닫다 → 닫는다면서(요)
	받침 × ㄹ받침	-ㄴ다면서(요)	신청하다 → 신청한다면서(요) 만들다 → 만든다면서(요)
형용사	받침 ○	-다면서(요)	많다 → 많다면서(요)
	받침 × ㄹ받침		크다 → 크다면서(요) 힘들다 → 힘들다면서(요)
명사	받침 ○	이라면서(요)	합격 → 합격이라면서(요)
	받침 ×	라면서(요)	에이플러스 → 에이플러스라면서(요)

-자마자

- 앞의 행동이 이루어지고 바로 다음 행동이 이루어짐을 나타낸다.

  가 오늘 수업 끝나고 같이 점심 먹을래요?

  나 미안해요. 오늘 끝나자마자 바로 집에 가야 돼요.

  가 야, 너 왜 이렇게 연락이 안 돼?

  나 어, 미안. 그렇다고 이렇게 보자마자 화를 내면 어떻게 해? 깜짝 놀랐잖아.

동사	받침 ○	먹다 → 먹자마자
	받침 × ㄹ받침	-자마자	만나다 → 만나자마자 벌다 → 벌자마자

- '-자마자'는 앞의 내용이 뒤의 내용에 영향을 미치지 않기 때문에 우연히 일어나는 일 뒤에도 쓸 수 있다. 그리고 뒤에는 과거의 일이나 미래의 일이 모두 올 수 있다. 반면에 '-는 대로'는 우연히 일어나는 일 뒤에는 잘 쓰지 않으며 뒤에는 주로 미래의 일이 온다.

  버스에서 내리자마자 비가 쏟아지기 시작했다.

-(으)ㄹ 정도로, -(으)ㄹ 정도이다

- 어떤 행동이나 상태가 일어날 수 있는 수준임을 나타낸다. 동사, 형용사, 명사 + 이다 앞에는 '-(으)ㄹ 정도로'를 사용하고 문장 끝에는 '-(으)ㄹ 정도이다'를 사용한다.

  가 혜인 씨 허리 아픈 건 어떻대요?

  나 더 심해져서 지금은 걷지도 못할 정도로 아프대요.

  가 어제 퇴근할 때는 눈 많이 내렸지요?

  나 네. 운전하고 가는데 바로 앞도 안 보일 정도였어요.

문법 찾아보기

5과

아무 (이)나

- 특별히 어떤 것을 정하거나 선택하지 않음을 나타낸다.

  가 우리 뭐 먹으러 갈래요?

  나 저는 아무거나 잘 먹으니까 민지 씨가 정하세요.

  가 분위기가 좀 무겁다. 노래라도 들을까?

  나 그래, 그게 좋겠다. 빨리 아무 노래나 한번 틀어 봐.

- '아무 (이)나'는 특별히 정하거나 선택하지는 않았으나 명사 중의 하나를 의미한다. 그렇지만 '의문사+든지'에는 그런 의미가 없다.

  배고프니까 아무거나 먹어야겠어요.

  도움이 필요하면 언제든지 연락하세요.

-더라도

- 앞의 내용을 가정하거나 인정하지만 그것이 뒤의 내용에는 관계가 없고 영향을 주지 않음을 나타낸다.

  가 이번 뮤지컬 말이야, 좀 비싸더라도 앞자리로 예매할래?

  나 그래. 자주 볼 수 있는 공연도 아니니까.

  가 저 사람 이야기는 더 들을 필요 없을 것 같다. 나 먼저 갈래.

  나 너하고 생각이 다르더라도 끝까지 들어 보는 게 좋지 않을까?

동사 형용사	받침 ○	-더라도	맞다 → 맞더라도
	받침 × ㄹ받침		쉬다 → 쉬더라도 힘들다 → 힘들더라도

- '-더라도'는 대부분 '-아도/어도/여도'와 바꾸어 쓸 수 있다. 앞의 내용이 현실성이 강할 때는 '-아도/어도/여도'가 많이 사용되고 현실과 다르거나 일어날 가능성이 크지 않을 때는 '-더라도'가 많이 사용된다.

  잠을 많이 자도 피곤해요.

  아무리 피곤하더라도 아침은 꼭 먹어야 해요.

-아서 그런지

- '-아서/어서/여서 그런지'는 뒤의 내용에 대한 이유나 원인이 말하는 사람의 추측임을 나타낸다. 보통 확신의 정도가 약할 때 사용한다.

  미세 먼지가 심해서 그런지 거리에 사람들이 별로 없다.

MEMO

MEMO

MEMO

고려대
한국어

초판 발행	2021년 6월 10일
초판 2쇄	2023년 3월 20일
지은이	고려대학교 한국어센터
펴낸곳	고려대학교출판문화원
	www.kupress.com
	kupress@korea.ac.kr
	02841 서울특별시 성북구 안암로 145
	Tel 02-3290-4230, 4232
	Fax 02-923-6311
유통	한글파크
	www.sisabooks.com/hangeul
	book_korean@sisadream.com
	03017 서울시 종로구 자하문로 300 시사빌딩
	Tel 1588-1582
	Fax 0502-989-9592
일러스트	황인옥, 황주리
편집디자인	한글파크
찍은곳	동방인쇄공사
ISBN	979-11-90205-00-9 (세트)
	979-11-91161-12-0 04710

값 17,000원

※ 잘못 만들어진 책은 바꿔 드립니다.